교사의
비폭력
대화

교사의 비폭력 대화

아무도 상처 주지 않고 관계를 지키는 작은 해답

강현주 · 김윤영 · 정윤희 지음

THE KOREAN CENTER FOR NONVIOLENT COMMUNICATION

한국NVC출판사

추천사

인간은 안전과 생존을 위해 자기 보호 본능과 더불어 관계를 맺고자 하는 본능이 있지만, 두 가지 본능은 역설적이어서 양립할 수 없는 것처럼 보인다. 학교에서 아이들은 자신을 보호하기 위해 날 선 눈빛과 말을 주고받는데, 결과적으로 친구 관계를 위태롭게 하여 자신의 안전을 위협하게 된다. '자기 보호'와 '관계 맺기'를 모두 충족할 방법은 없을까?

저자들은 비폭력대화에서 그 해답을 찾고 있다. 학교에서 일상적으로 일어나는 사례를 통해 상호 침해와 관계 단절의 위기마다 우리가 선택할 수 있는 비폭력대화의 지혜를 전해 주고 있다. 또한 교사 · 학생 · 학부모, 교육 3주체의 보호와 관계를 위한 생생하고도 진솔한 실패와 성장의 이야기는, 책을 읽는 내내 독자에게 감동을 준다. 특히 이 책은 초등학생 저학년과 고학년의 발달단계에 맞는 대화법을 소개하여 현장에 바로바로 적용할 수 있다는 점에서 매우 유익하다.

_박숙영 (『회복적 생활교육을 만나다』 저자)

교사로서 28년째 학생들 앞에 서고 있지만 여전히 대화는 어렵다. 점점 세대 차이도 나고, 전혀 생각하지 못했던 말과 행동에 당황스러운 상황들이 일어나곤 한다. 그래도 비폭력대화를 알고부터는 학생들과의 연결이 끊어질 때마다 다시 연결할 방법이 있다는 것을 알기에 자극받고, 판단이나 비난하는 생각이 올라올 때마다 조금은 다르게 반응하려고 노력한다.

비폭력대화가 특히 교사들에게 더욱 필요하다고 생각하는 이유는 교사의 언어는 학생들에게 본보기가 되고 많은 영향을 끼치기 때문이다. 교사들이 비폭력대화를 사용한다면 학생들에게 성숙한 어른으로서 자신을 공감하고 솔직하게 표현하는 법을 가르쳐 줄 수 있다. 또한 교사가 힘들고 지쳐 한계를 느낄 때도 비폭력대화를 통해서 자신을 공감하면서 다시 회복할 수 있는 기회를 가질 수 있다. 이 책은 비폭력대화를 교실에서 어떻게 적용하면 좋은지 친절하게 안내하고 있을 뿐만 아니라 학부모와 대화하는 방법, 자신을 좀 더 잘 돌보는 방법까지 정리되어 교사들에게 실질적인 도움을 줄 것이다.

_심윤정 (휘문중학교 교사, 『선생님의 마음챙김』 저자)

작년 한 해 교사들은 서로의 안녕을 물으며 지냈다. 동료 교사를 잃고 난 후 서로의 아픔을 나누고 공감의 에너지를 보내며 안부를 묻고 다독였다. 내가 다니는 학교뿐만 아니라 다른 학교에 가서도 안녕을 물으며 비폭력대화와 회복적 생활교육을 나눴다. 그 과정에서 중등보다는 초등이, 초등 중에서도 1, 2학년을 맡은 선생님들의 트라우마가 컸고, 그들을 돌보는 작업을 하면서 내가 비폭력대화를 배운 것이 참 다행이라는 생각이 들었다. 비폭력대화로 나 자신을 공감하고, 공감의 에너지를 다른 교사들과 나눌 수 있어 감사했다.

이 책을 읽으며 혼자 힘들어하고 외로워하는 교사들에게 선물처럼 권할 수 있는 따뜻한 위로가 될 수 있을 것 같아 반가웠다. 비폭력대화를 주제로 한 책은 많다. 하지만 침묵하는 학생들에게, 교실에서 자신의 말만 하는 학생들에게, 교사에게 비난을 퍼붓고 책임을 전가하는 학부모들에게 적용할 수 있는 비폭력대화를 이토록 자세하게 제시해 주는 책은 없었다. 비폭력대화를 궁금해하는 교사들에게, 무엇보다 교실에서 얼어붙고, 싸우고, 피하며 자신을 탓하는 외로운 교사들에게 이 책을 권하고 싶다.

_**양경화** (일산동중학교 교사, 경기도비폭력대화교육연구회 회장)

프롤로그

지금 교사에게 비폭력대화가 필요합니다

여러분을 찾아온 아이의 얼굴을 떠올려 보자. 아이가 "선생님!" 하고 부를 때, 그 마음에 찬찬히 귀 기울이면 "억울해요. 누군가 제 얘기를 들어 주면 좋겠어요."라는 속마음을 들을 수 있다. 쉬는 시간에 와서 자기 이야기를 늘어놓는 아이의 말은 "선생님이 좋아요. 선생님과 친해지고 싶어요."라고 들릴 수 있다. 혹시 아이들의 말이 들리지 않는다면 그건 나 자신이 힘들기 때문일지도 모른다. 그럴 때는 나 자신에게 "힘들어. 쉬고 싶어."라고 부탁해야 한다. 그런 순간을 알아차리는 데 도움을 주는 구체적인 방법이 비폭력대화이다.

비폭력대화를 배우기 전에는 '선생님'이라는 말을 피상적인 호칭으로만 여겼다. 그런데 비폭력대화를 배운 뒤부터 그 말이 다르게 들리기 시작했다. 아이들의 맑은 눈, 잠에서 갓 깬 듯한 눈꺼풀, 누가 땋아 준 고운

갈래머리, 그리고 아이들의 표정이 보이기 시작했다. 새롭게 들리는 '선생님'이라는 말에는 비폭력대화를 만든 마셜의 생각이 깃들어 있었다.

"세상 사람들이 하는 말에는 두 가지밖에 없습니다. 바로 '알아주세요'와 '고맙습니다'입니다."

비폭력대화를 만나기 전에는 아이와 학부모, 동료 교사의 말에 상처를 많이 받았다. 그리고 상대가 얼마나 잘못되었고 내가 옳았는가를 증명하는 데 에너지를 쏟았다. 고백하건대 이유 없이 아이가 미울 때도 있었다. 그런데 비폭력대화를 접하면서 나 자신을 공감하고 누군가에게 공감받으면서 상대방이 달리 보였다. 갈등이 생겼을 때 더 이상 상대의 문제가 아닌 내 안의 욕구를 마주할 수 있었다. 갈등하는 순간에 상대방이 나와 같은 인간이기에 실수할 수 있고, 그에게 여러 어려움이 있음을 알기까지 오랜 시간이 걸렸다. 서로에게 인간적인 부분을 느끼면 전과는 다른 시선으로 상황을 바라보며 함께 해결하려는 마음이 생긴다. 혹자는 "나와 연결되는 순간 상대와의 연결은 자연스럽게 찾아온다."라고 말했다.

비폭력대화는 단순하다. 관찰, 느낌, 욕구, 부탁의 네 가지 요소로 말하고 듣는다. 단순하지만 어렵고, 때로는 신기하고 효과적이다. 비폭력대화의 네 가지 요소로 말하고 듣다 보면 자기 자신을 새롭게 보게 되고, 상황을 다양하게 볼 줄 아는 힘이 생긴다. 비폭력대화를 실천하는 것은 결코 만만한 작업이 아니다. 게다가 교실에서 일어나는 모든 갈등을 비폭력대화로 해결할 수는 없다. 하지만 적어도 삶의 필요한 영역에서만큼은 행복한 변화를 경험할 수 있다.

교직 생활을 오랫동안 해왔어도 아이들과 부모를 대하는 것은 여전히 어렵다. 이 어려움은 경력이 낮은 교사들에게 더 크게 다가오기도 한다. "교실에 혼자 버려진 것 같은 생각이 든다."라고 말하던 어느 신입 교사를 생각하면 마음이 먹먹해진다. 이 책은 어쩌면 교사들의 이런 마음을 위로하기 위해 시작되었는지도 모른다.

이 책은 비폭력대화란 무엇인가, 비폭력대화의 목적, 솔직하게 말하고 공감 듣기, 비폭력대화의 네 가지 요소(관찰, 느낌, 욕구, 부탁)의 핵심 개념을 설명하고 있다. 그리고 교실에서 생활하면서 겪은 아이들과의 이야기가 들어 있다. 행복했던 순간도 있었지만 그렇지 않은 일까지 솔직하게 담았다. 그 모습이야말로 우리의 진짜 모습이고 독자들에게 전하는 진심이다. 교사로서 건강한 삶을 살아가기 위한 몇 가지 방법도 제안했다.

무엇보다 우리가 겪는 기쁨과 슬픔을 함께 하고 싶은 마음에 집필했다. 무엇을 가르치거나 명확한 정답을 쓰려는 것이 아니다. 비폭력대화를 하며 살아가고 싶은 누군가에게 "당신은 혼자가 아니다."라고 알리는 의미가 크다. 또한 자신이 처한 상황에서 어떻게 해야 할지 막막할 때, 실패한 것이든 성공한 것이든 앞선 사람의 경험을 참고하여 삶의 방향을 새롭게 정하는 데 도움이 되도록 이 책을 썼다. 힘들어서 포기하고 싶을 때, 과거의 습관으로 돌아가려는 마음이 들 때 이 책을 펼친다면 참으로 기쁘겠다.

길은 누군가 걸어간 흔적이 있기에 편하게 걸어갈 수 있다. 처음으로 비폭력대화라는 길을 걸어간 마셜이 있기에, 한국을 비롯한 세계 각국에서 비폭력대화가 이어지고 있다. 비폭력대화를 만들고 삶에서 실천한 마셜 로젠버그에게 감사를 전한다.

그리고 20여 년 전 한 명에서 시작하여 지금의 공동체를 만들고 비폭력대화의 확산에 기여한 캐서린 한(전 한국NVC센터 대표)에게도 감사한다. 더불어 비폭력대화가 사회 곳곳에 퍼질 수 있도록 가르침과 지원을 해준 한국비폭력대화센터의 강사님들과 스태프들에게도 감사를 전한다. 또한 이 책이 나올 수 있도록 애써 주신 한국NVC출판사와 편집자님에게도 감사를 전한다.

요즘 아이들과 선생님 사이가 예전과 같지 않다고 한다. 교실에서 서로의 마음을 나눌 시간이 줄고 다른 무언가로 채워진 것 같아 안타깝다. 그러나 서로의 마음을 나누기를 바라고, 따뜻함을 믿는 사람들이 있다. 친구와 다투어도 선생님과 같이 이야기 나누며 금세 화해하고 언제 그랬냐는 듯 웃으며 노는 아이들…, 그리고 아이들의 선한 마음을 곁에서 사랑으로 함께 하는 이 땅의 선생님들이 있다. 아이들과 선생님들에게 응원과 지지, 감사하는 마음을 보낸다.

강현주, 김윤영, 정윤희

알아두기 비폭력대화의 4가지 요소

관찰 "내가 ~를(을) 보았을(들었을) 때"

비폭력대화에서는 대화를 할 때 '관찰'로 시작한다. 감정적으로 자극을 받은 상황에서 어떤 일이 일어났는지 객관적으로 '관찰'하여, 관찰의 말로 시작한다. 관찰은 평가와 구분된다. 우리가 감정적으로 자극받은 상황을 각자의 판단, 추리, 의견, 추측, 선입견 등의 평가를 섞어서 말하는 것과 구분한다. 즉, 관찰은 평가를 빼고, 지금 어떤 일이 일어나고 있는지 눈에 보이는 대로, 귀에 들리는 대로 말하는 것이다. 일어난 일을 사진기로 찍어 놓고 설명하듯, 객관적인 사실을 말하는 것이다. 마치 비디오 카메라로 그 상황을 찍었을 때 어떻게 기록될까를 상상해 보면 도움이 된다.

관찰: 준이가 짝에게 지우개를 빌려 주는 것을 보았다.
평가: 준이는 착하다.

느낌 "나는 ~하게 느낀다."

외부에서 일어난 자극에 대해 우리 몸과 마음에서 일어나는 반응이다. 느낌은 우리에게 필요한 것을 알려 주는 경보기 같은 존재로, 욕구가 충족되었는지 그렇지 못한지의 상태를 알려 주는 메신저 역할을 한다. 느낌 자체는 옳고 그름이 없고, 좋고 나쁨이 없다. 흔히 긍정적이라고 말하는 느낌은 '욕구가 충족되었을 때'를 알려 주는 신호이고, 부정적이라고 말하는 느낌은 '욕구가 충족되지 않았을 때'를 알려 주는 신호이다.
다양한 감정 상태를 분명하고 명확하게 표현하는 힘을 기르기 위해서는 느낌 목록을 보고 표현하는 습관을 기르는 것이 중요하다. 실제 우리의 느낌을 표현하는 느낌말과 느낌처럼 보이지만 비유적으로 표현하는 생각말을 구별한다.

느낌말: 서운하다. 속상하다.
느낌처럼 보이는 생각말: 무시당한 느낌이다. 배반당한 느낌이다.

욕구 **"나는 ~가(이) 필요(중요)하기 때문에···."**

우리가 하는 모든 행동은 어떤 욕구를 충족하려는 시도이다. 욕구는 삶 자체에서 나오는 에너지로, 우리 내면의 긍정적인 힘이다. 사람이 살아가는 데 필요하고 중요한 가치 있는 것으로, 삶에 생동감을 불어넣어 주는 에너지로 나타난다. 인간 모두가 갖고 있는 보편적인 것으로, 욕구 차원에서는 우리 모두가 보편적이고 평등하게 연결될 수 있고 갈등도 없다. 그러나 욕구를 충족하려는 수단과 방법은 사람마다 다를 수 있다.

> **욕구:** 존중, 배려
> **수단 · 방법:** 수업 시간에 아이들이 교사의 말에 집중해서 듣는 것, 친구의 말을 끊지 않고 끝까지 들어 주는 것

부탁 **"내가 이렇게 말할 때 너는 어떻게 느끼니(생각하니)?"**
"~를(을) 해줄 수 있겠니?"

부탁은 욕구를 의식한 다음 자신이 원하는 욕구를 충족하기 위해서 구체적인 행동을 요청하는 것이다. 자신이 관찰하고 느끼고 원하는 욕구를 표현한 다음, 이어서 구체적인 부탁을 한다. 나의 솔직한 이야기를 듣고 어떠한지 상대의 반응을 묻는 연결 부탁(Connection Request)이 있고, 구체적인 행동을 요청하는 행동 부탁(Action Request)이 있다. 우리가 원하는 것을 명확하고, 긍정적이며, 구체적인 행동 언어로 부닥한다.

비폭력대화에서는 부탁과 거절을 구분한다. 상대방이 나의 부탁을 거절했을 때 비난하거나 비판한다면 강요이다. 거절할 때 이유가 있으며, 우리의 존재나 욕구를 거절하는 것이 아님을 이해한다면, 우리의 욕구를 충족할 수 있는 다른 부탁을 창의적으로 해볼 수 있다.

> **부탁:** 지금부터 설명할 거니까 조용히 하고, 눈은 나를 바라봐 줄래?
> **강요:** 내가 조용히 하라고 했는데, 왜 친구랑 얘기해? 너 때문에 수업할 수가 없잖아.

목차

1장

행복한 교사를 위한 비폭력대화

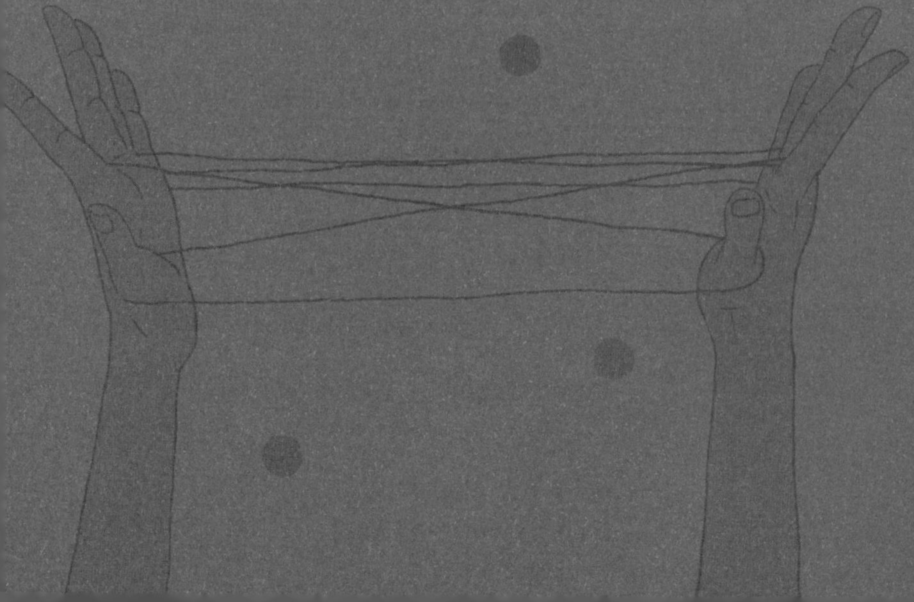

우리는 연민의 마음으로
연결될 수 있다.

비폭력대화란 무엇인가?

초등학교 1학년 아이들과 수업하면서 일어난 일이다. 동그랗게 앉아서 자기소개를 하는 방법과 순서를 알려주었다. 천으로 만든 공을 들어 보이며 "공을 가진 사람이 말하는 거예요. 다른 친구들은 그 사람의 이야기를 들어 줍니다. 자기 이름과 느낌을 말하고 나면 오른쪽 옆 친구에게 공을 건네주세요."라고 말했다. 얼마 뒤, 한 남자아이가 옆에 앉은 친구에게 공을 주는 듯하더니 던지는 것이 아닌가! 두 아이 모두 공을 잡으러 뛰기 시작했고, 그중 한 아이가 교실 모퉁이에 있던 피아노의 모서리에 귀 아래쪽을 부딪쳤다. 일단 아이가 어떤 상태인지 확인하고 크게 말했다.

"모두 멈추고 앞으로 와서 자기 자리에 앉아요! 우리 모두가 안전한 게 중요해요. 선생님은 안전이 중요해요!"

비폭력대화를 배우지 않았다면 나는 그 자리에서 아이들을 비난하는 말을 쏟아냈을 것이다.

“뛰지 말라고 했는데 왜 뛰어! 내가 아까 뭐라고 했어? 건네주라고 했잖아. 자꾸 이렇게 말 안 들으면 선생님이 공도 인형도 안 갖고 올 거야. 너희들 때문에 다른 친구들도 다 방해받잖아. 내가 너희들 때문에 얼마나 놀랐는 줄 알아!”

그리고 집으로 가는 길에 나 자신을 비난하며 탓했을 것이다. ‘내가 준비를 제대로 하지 못했어. 공 말고 다른 걸로 준비했어야지. 그리고 애들한테 그렇게까지 소리 지를 건 뭐야. 선생이 돼서 자기 감정 하나 조절하지 못하고….’

비폭력대화를 배우면 어떤 일이 생겼을 때 바라보는 관점과 행동이 달라진다. 무엇보다도 갈등이 생겼을 때 의식의 초점을 상대와 나 자신을 ‘탓하던 것’에서 자신과 상대방이 ‘원하는 것’으로 바꿀 수 있는 힘이 생긴다. 지금 나는 어떠한지 나의 느낌과 욕구를 알아차리는 자기 이해가 먼저다. 그리고 이것을 바탕으로 타인을 이해한다. 그때 사람과 사람 사이의 신뢰와 연결을 위해 어떻게 말하고 행동할지 선택할 수 있게 된다. 이렇듯 비폭력대화를 배운다는 건 단지 말하는 기술만을 배우는 게 아니다.

우리 모두는 타인과 유대 관계를 맺고 신뢰를 쌓아가며 살아가기를 원한다. 사람 사이에 유대감이 형성되면 서로의 욕구에 귀 기울이고, 연민으로 반응하며 기꺼이 무언가를 주고받고 싶어한다. 그때 우리는 기쁨과 행복을 느낀다. 비폭력대화를 배우는 과정에서 연민의 마음으로 나와 타인이 연결될 때 존재 자체의 아름다움과 평화로움 속에서 느껴지는 깊은 감동이 있다.

잠깐 돌아보자. 여러분이 아이들을 지도하거나 가르칠 때, 그 아이들이 두려움이나 불안 속에 있기를 원하는가? 아니면 뭔가를 전하고 싶은 마음을 이해하고 기꺼이 스스로 표현하기를 원하는가? 비폭력대화는 자신의 마음을 상대가 이해하도록 잘 전달하고, 상대의 마음에서 일어나는 것을 듣는 방법으로써, 굉장히 효율적이다. 그리고 자기 자신을 이해하는 데 도움이 되는 구체적인 대화법이다.

비폭력대화를 만든 마셜 로젠버그는 "우리의 본성은 연민으로 서로 주고받으며 기쁨을 느끼는 것"이라고 말했다. 그는 늘 두 가지 의문을 품어왔다고 한다.

> 첫째, 우리는 무엇 때문에 우리의 본성인 연민으로부터 멀어져 서로 폭력적이고 공격적으로 행동하게 되었을까?
> 둘째, 이와 달리 어떤 사람들은 견디기 힘든 상황에서도 어떻게 연민의 마음을 유지할 수 있었을까?

마셜 로젠버그는 두 가지 의문을 품고 연민에 머무를 수 있는 능력에 영향을 주는 요소들을 연구했고, 우리가 쓰는 '언어'가 큰 역할을 하고 있음을 발견했다. 다른 사람들과 관계를 맺는 데 도움이 되는 구체적인 말하기와 듣기의 대화 방법을 고안해냈는데, 이 대화법을 비폭력대화

(NVC, Nonviolent Communication)라고 한다.

'비폭력'은 폭력이 가라앉고 본성인 연민으로 돌아간 자연스러운 마음 상태를 가리킨다. 여기서 말하는 폭력은 자기 안의 '아픔' 혹은 '상처'의 또 다른 이름이다. 그러므로 우리가 우리 자신의 아픔과 상처를 잘 돌보는 것이 가장 중요하다. 비폭력대화는 인간적인 유대 관계를 맺는 데 도움이 되는 대화법인 동시에, 자기 자신을 깊이 이해하고 치유하는 데 도움이 되는 효과적인 방법이다.

비폭력대화로 말하고 듣는다는 건 무엇을 뜻할까? 내 안에서 어떤 것이 일어나는지 솔직하게 말하기는 네 가지 요소를 거친다.

첫째, 어떤 상황이 일어나고 있는지를 있는 그대로 관찰하기

둘째, 그 행동으로 내가 어떻게 느끼는지 인식하여 표현하기

셋째, 느낌의 이면에는 어떤 욕구와 연결되는지 말하기

넷째, 내 삶을 풍요롭게 하기 위해서 구체적으로 부탁하기

그리고 상대 안에서 어떤 것이 일어나는지 공감하며 듣는데, 그것 또한 네 가지 요소인 관찰, 느낌, 욕구, 부탁의 순이다.

앞에서 이야기한 초등학교 1학년 수업의 상황을 비폭력대화의 네 가지 요소를 넣어서 솔직하게 표현한다면 이렇게 말할 수 있다.

"너희들이 공을 던지고 받으러 가다가 피아노에 부딪히는 걸 보고, 내가 너무 놀랐어. 나는 우리 모두 안전하게 수업하기를 원해. 그러니 지금은 모두 멈추고 자리에 앉을까? 그리고 다음에는 옆 친구에게 던

지지 말고 건네줄래?"

그리고 공을 잡으러 뛰던 두 아이의 마음에 공감하며 듣는다면 다음과 같이 말할 수 있다.

"공을 잡으러 갔다가 피아노에 부딪혀서, 너도 많이 아프고 놀랐지? 전혀 예상하지 못했을 것 같아. 그러니?" 또는 "공을 받으니까 신났어? 자유롭게 던지며 놀고 싶었던 거니?"

여기에서 나를 솔직하게 표현하고 상대 마음에 공감하며 들을 때 우리의 의도는 꾸중이나 비난이 아니라, 유대감을 갖고 연결하려는 데에 있다. 우리 마음을 표현하고 상대의 마음 안에서 일어나는 것을 들으려는 노력에서 자연스럽게 신뢰가 쌓이고, 서로가 연민의 마음으로 연결될 수 있다.

•비폭력대화 모델•

솔직하게 말하기		공감하며 듣기
내가 ____를(을) 보았을 때	관찰 Observation	네가 ____를(을) 보았을 때
나는 ____라고 느껴	느낌 Feeling	너는 ____라고 느껴?
왜냐하면 나는 ____가(이) 중요하기 때문에	욕구 Need	왜냐하면 너는 ____라고 느끼기 때문에
____ 해줄 수 있겠니?	부탁 Request	너는 ____를(을) 원해?

교사에게 왜 비폭력대화가 필요한가?

교사는 아이들을 가르치고 학급을 운영하면서 매년 20~30명의 학생과 그들의 학부모, 그 이외의 가족들까지 만난다. 학생 수보다 많은 인간관계를 맺으며, 이 관계를 1년 동안 관리해야 한다. 좋은 인간관계가 형성되고 관리되었다고 해도 학교폭력과 같은 민감한 상황이 벌어지면 매번 복잡하고 어려워진다.

'이럴 때 어떻게 해야 할지 모르겠어.'

학교폭력 담당 교사가 피해 관련 학생 학부모에게 여러 가지 전달 사항을 알렸다고 해보자. 그런데 학부모가 업무 담당 교사인 자신에게 전화하여 지속적으로 화를 내며 언성을 높인다면 어떤 기분이 들까? 말로는 "선생님께 화를 낸 건 아니다."라고 하지만 학부모는 모든 상황에 생기는 감정을 교사에게 쏟아낸다. 교사는 그런 일을 겪으며 감정 쓰레기통이 된 것 같은 느낌마저 겪는다.

한 번은 이런 일이 있었다. 그 일의 시작은 학부모와의 대화에서 비롯되었다. 저녁 시간에 학부모의 요청으로 통화를 했는데, "우리 아이가 친구들과 대화하다가 마음의 상처를 입었는데, 선생님 알고 계셨나요? … 어떻게 교사가 그걸 모를 수가 있지요?" 하고 따져 물었다. 아이들이 나눈 이야기를 모두 알지 못하니 상황을 알아보겠다고 말했지만 학부모는 멈추지 않았다. 끝내 "교사가 처음이라 그런 것 아닌가요?"라고 말했다. 교사는 학부모의 말에 너무 속상하고 힘들었다. 이 일을 겪은 사람은 임용시험에 합격하여 첫 발령을 받은 교사였다. 그는 그 일이 있은 뒤부터 교실에서 무슨 일이 일어날지, 또 어떤 상황이 닥칠지 두렵다고 말했다.

"저… 교실에 들어가는 것이 겁나요."

요즘 들어 생긴 습관이 하나 있다. 교사들의 '안녕'을 살피는 일이다. 동료 교사들에게 힘든 일이 있을 때 어떻게든 서로 돕자고 다짐해 두어도, 정작 상처 입은 교사를 위로하고 위로받는 일은 쉽지 않다. 동료 교사의 위로를 '관여'라고 생각하기도 하고, 학생을 훈육하는 과정에서 생기는 교사의 감정 변화를 공공연하게 이야기하는 것을 꺼리는 경우도 있다. 또 자신의 이야기를 털어놓는 것을 어려워하는 경우도 있다.

교사는 아이들을 가르치면서 수많은 상황을 만난다. 교사로서 학생들에게 공부를 가르치는 수업 이외에도 생활지도를 하고, 어떤 문제로 학생들을 훈육하기도 한다. 때로는 학생에게 필요한 상담을 해야 하며,

학부모와 함께 다양한 문제 상황을 해결해야 한다. 이럴 때 교사 자신뿐 아니라 모두에게 다양한 욕구가 있음을 알아차려야 한다.

교사는 아이들을 가르치며 교사의 전문성을 인정받고 싶고, 수업을 방해하거나 교육활동 침해 행위를 한 학생에게 진심 어린 사과를 받고 싶을 수도 있다. 또 친구를 괴롭힌 아이가 바르게 자라도록 하는 데 기여하며 교사로서 학생을 가르치는 전문성에 대해 인정받고 존중받고 싶기도 하다.

그럴 때 교사는 말해야 한다. 본 대로, 들은 대로, 사실 그대로를 '관찰'하고, 그때 느낀 자신의 '느낌(감정)'을 상대에게 알린 뒤, 자신이 진정으로 원하고 바라는 '욕구'를 알아차려 상대에게 마치 선물을 주듯이 '부탁'하는 말을 해야 한다. 비폭력대화의 대화법에서는 내 감정을 솔직하게 말하고 공감하며 듣는 과정을 반복한다. 내 감정 알아차리기, 말 뒤에 있는 내 욕구와 상대의 욕구를 헤아리는 과정을 거치며 상대에게 내 욕구를 연결하는 부탁을 하며 실천하면 된다.

비폭력대화를 공부하고 연습하면서 제일 뚜렷한 변화는 이것을 스스로에게 묻는다는 것이다.

나는 어떤 사람인가?

자신이 무엇을 좋아하고 중요시하는지, 또 어떨 때 편안한지 알아가는 과정을 반복하다 보면 어떤 자극에 대해 어떻게 반응하는지 스스로를 체크할 수 있다. 비폭력대화를 하는 궁극적 목표는 '따뜻한 연결'이다. 무엇보다 자기 자신과의 따뜻한 연결이 필요하다. 이제 자기 자신을 위해, 그리고 다른 사람들과의 따뜻한 연결을 위해 비폭력대화를 시작해 보자.

어떤 말이 기린식 대화일까?

비폭력대화에서는 상징 동물로 '기린'을 사용한다. 기린은 키가 커서 높고 넓은 시야를 갖고 있기 때문이다. 대화의 목적을 자신이 원하는 바를 빨리 이루거나 자신의 요청을 상대가 들어주는 것으로 생각한다면 좁은 안목을 가진 것이다. 넓은 시야란 대화를 통해 말하는 사람과 듣는 사람 사이에 신뢰와 유대감이 생기는 것이다. 이런 신뢰와 유대감이 생기면 내가 원하는 그 목적 넘어 더욱 창의적인 해결 방법을 찾을 수 있다.

비폭력대화를 하는 과정에서 "친절하고 착한 말만 하는 건 아닐까?", "이렇게 말하다가 내가 얕보이는 것 아닐까?" 하고 오해하기도 한다. 그러나 비폭력대화는 친절하면서도 단호한 말이다. 이런 상징은 기린에게도 보인다. 기린은 사자의 두개골을 산산조각 내거나 척추를 부러뜨릴 수 있을 정도로 힘이 세다. 하지만 그는 자신이 공격받거나 어린 기린을 보호할 때만 그 힘을 쓴다. 기린은 주로 아까시나무의 잎을 먹는데, 가시를 무시하고 먹을 수 있을 만큼 혀와 입술이 충분히 거칠고 강인하다. 침으로 가시를 녹일 정도이다. 다른 사람이 한 말 중에서 가시 돋친 말이 내 가슴에 박혀서 아직도 아픈 말이 있는가? 비폭력대화에서 기린말로 듣는다는 것은 그 가시 돋친 말 뒤에 있는 마음에 '공감'하며 듣는다는 뜻이다. 그때 가시가 녹고 그 말 뒤에 숨어 있는 욕구를 들을 때 우리는 그 아픔에서 놓여날 수 있다.

한편 자칼은 비난하는 말을 상징한다. 관찰이 아닌 평가하는 말이며, 가슴에서 나오는 느낌이 아닌 분석하고 비교하고 경쟁하는 말이다. 욕구나 깊은 의도에 대한 의식이 없이 수단과 방법에 집착하여 갈등을 일으키는 말들이다. 불안, 두려움, 죄책감을 불러일으키는 강요와 명령의 말이다. 서로 상처를 주고 외롭게 하는 말이다.

아이들이 아침 수업 시간에 책상에 엎드려 있는 걸 보면 습관적인 자칼식 대화가 나오려고 한다. '왜 아침부터 엎드려 있지? 집에서 잠 안 자고 밤에는 뭐 했지? 밤늦게까지 핸드폰 했나? 얘들 이렇게 하면 어른 돼서 후회할 거야.', '요즘 애들은 선생님 무서운 줄도 모르고 무시해.' 등의 생각이 꼬리에 꼬리를 물고 올라온다. 이런 생각에 사로잡히다 보면 "빨리 일어나서 세수하고 와. 초등학교 때부터 생활 습관이 안 잡혀서 어떻게 하냐. 너 자꾸 이러면 공부도 못하게 되고, 나중에 커서 네가 하고 싶은 것도 못해." 하고 말이 길어진다. 이런 말을 많이 한 날은 마음이 전체적으로 가라앉고 알 수 없는 화가 난다. 결국 하루를 보내기가 힘에 부친다.

같은 상황에서 기린식 대화를 하면 어떨까? 일단 무슨 일이 일어났는지 객관적으로 알 수 있다. 그리고 책상에 엎드려 있는 아이들을 보면서, 교사 자신의 마음을 먼저 알아차린다. 우선 몸과 마음에서 올라오는 느낌을 살펴보면서 자신과 대화를 한다. 불편하고 걱정되는 등의 충족되지 않은 느낌 뒤에 아이들과 아침을 순조롭게 시작하고 싶은 마음을 알아차린다. 또한 우리 반이 오늘도 잘 배우고 평탄하게 보낼 수 있기를 바라며, 선생으로서 자기중심을 갖고 아이들을 돌보고 가르칠 수 있기를 바라는 욕구를 의식한다. 무엇보다 아이들과 소통을 잘하고 싶은 마음을 알아주어야 한다.

그제야 아이들에게 지금 어떤 일이 일어나고 있는지, 어떤 느낌인지, 무엇이 중요한지 알고 싶은 호기심과 연민의 마음으로 바라볼 수 있는 힘이 생긴다. 그럴 때 따스함을 갖고 단호하게 말을 건넬 수 있다. "어제 못 잤니? 수업하려고 하는데 너희들이 엎드려 있는 걸 보니 무슨 일인지 궁금하다. 혹시 아프다면 알려 주고, 그게 아니라면 일어나서 시작해 보자."

자칼식 대화는 상대를 비난하는 말을 하고, 그 말을 듣는 사람은 자신을 방어하거나 해명해야 해서 옳고 그름이 생긴다. 그러다 보니 관계가 멀어진다. 그러나 기린식 대화는 자신의 중요한 욕구를 상대에게 전달하고, 상대를 이해하려는 마음을 내보이기 때문에 같은 상황이라도 자기 자신을 건강하게 지키면서 대화할 수 있다. 이런 상태에서 대화하면 상대에게 그 편안함과 솔직함이 전해지므로 더 가까워진다.

교사와 학생들 사이를 멀어지게 하는 말

다음 두 가지 질문에 대답해 보자.

1) 아이가 어떻게 행동하기를 원하는가? 바뀌었으면 하고 바라는 행동은 어떤 것인가?
2) 당신이 원하는 대로 아이가 행동할 때 그 이유가 무엇이기를 원하는가?

교사는 아이들이 수업 시간에는 조용히 하고 자신의 말을 귀 기울여 듣기를 원한다. 하라는 대로 공부하고 과제를 성실히 해왔으면 좋겠다. 다만 아이들이 그렇게 행동하는 이유가 선생이 무서워서, 혼날까 봐 등의 두려움이 아니길 바란다. 교사가 아이들에게 알려 주고 싶은 것은 '자신이 스스로 선택하고 행동하며 살아가는 것'이기 때문이다.

우리는 아이들의 배움을 촉진하고, 자기 삶을 주체적으로 살아갈 수 있도록 가르치고, 돌보고, 사랑과 연결의 의도를 갖고 있다. 그런 의도가 있더라도 도덕적 판단, 강요, 당연시하는 말, 책임을 부인하는 말, 비교의 형식처럼 습관적으로 쓰는 말로 한다면 교사의 소중한 마음을 전하기가 어렵다.

자, 교사와 학생들 사이를 멀어지게 하는 다섯 가지 말을 알아 보자.

도덕적으로 판단하는 말

도덕적 판단은 말하는 사람의 기준으로 옳고 그름을 정하는 말이다. 그런데 그 기준은 사람마다 다르다. 교사가 정한 기준이 맞을 수도 있지만, 아이들도 자기 나름의 기준이 있을 수 있기 때문에 교사의 기준에 동의하기 어려울지도 모른다.

'나쁘다', '게으르다' 처럼 도덕적으로 판단하면 교사는 아이들을 그러한 상태로 고정해서 보게 된다. 항상 나쁘거나 항상 착한 사람은 없다는 것을 기억하자.

강요하는 말

교사 입장에서는 아이들을 집중시키고 수업을 하기 위해 지시의 말을 하는 것이 효율적이라고 생각할 수 있다. 잠깐 입장을 바꿔서 여러분이 학생이 되어 누군가에게 이런 말을 듣는다고 상상해 보자.

"조용히 해.", "손, 머리!", "집중!", "나와서 풀어."

지금 마음이 어떤가? 경직되고 불편하고 불안해지는가? 아이들이 처음에는 복종하겠지만 시간이 흐르면서 반항하고, 교사의 눈치를 슬슬 보기 시작할 것이다. 사람은 자율성과 존중 등의 욕구가 충족되지 않을 때 마음 안에서 복종이나 반항이 일어나기 때문이다. 교사에게는 꼭 필요한 지시지만, 강요가 계속될 때는 관계가 불편해질 수 있다. 교사가 아이들의 마음을 안아 주면서 자신의 지시 사항을 요청할 때, 진정한 부탁이 되고 듣는 사람도 기꺼이 따를 수 있다.

예를 들어, "지금 뭔가 얘기하고 싶니? 이따가 이야기할 시간 줄게. 지금부터 5분 동안 설명할 테니 선생님 이야기를 집중해서 들어볼까?"라는 말이다. 교실에서 매 순간 비폭력대화를 써야 하는 건 아니다. 이런 대화에 익숙해지고 훈련이 되면, 아이들은 선생님이 강요하지 않아도 집중할 때를 기억한다.

당연시하는 말

학생이면 당연히 가방을 갖고 학교에 와야 하고, 가방에는 필기도구가 있어야 한다. 수업 시간에는 수업에 집중해야 하고, 누군가를 때렸으면 사과해야 한다. 이 말에 동의하는가?

교사라면 당연히 수업을 잘 가르쳐야 하고, 아이들을 있는 그대로 이해해야 하며, 수업 시간에 실수하면 당연히 사과해야 하고, 수업과 업무를 미루지 말고 당연히 성실해야 한다. 이 말은 어떤가?

'당연시'하는 말은 우리 안에 너무 익숙하게 자리 잡고 있다. 그 당연함을 무조건 받아들이면, 우리 앞에 일어나는 현실을 있는 그대로 받아들이기 어렵기 때문에 갈등이 생긴다. 어떤 것들은 당연하다기보다는 우리의 바람일 수 있다. 일상에서 일어나는 모든 것들이 사실 당연하지 않을 수 있다. 당연하지 않음을 받아들일 때 우리는 일상에서 일어나는 많은 것들을 감사하며 받아들일 수 있다.

책임을 부인하는 말

책임을 부인하는 말은 무엇일까? 행동은 자신이 했지만 그 행동의 원인을 상대방에게 두는 말이다. "쟤들이 해서 저도 따라했어요.", "다들 하니까 어쩔 수 없이 했어요.", "학교에 가야 하니까 그냥 가는 거예요.", "네가 그렇게 행동하니까 내가 화가 나서 이러는 거야." 등의 말이다. 이런 말을 들으면 상대방과 연결되기가 어렵고 기운이 빠진다. 또 자기 삶의 책임을 다른 사람에게 미루기 때문에 삶을 변화시킬 힘이 없어진다.

비교하는 말

비교하는 말은 우리를 가장 빠르게 불행하게 만든다. 우리는 눈에 보이는 것들을 빠르게 판단하면서 비교하는 습관이 있다. 그래서 내 마음에 들지 않을 때 비교하면서 상대를 가르치려고 한다. 그리고 무의식적으로 자신과 다른 사람을 비교하기도 한다. 교실에서도 마찬가지다. "이진이는 이렇게 하는데 너는 왜 못하니.", "옆 반 친구들은 다 잘하는데, 너희들은 왜 못하니?", "그래도 네가 쟤보다 낫다." 등의 말은 사람과 사람을 편안하게 연결시키지 못하고 갈등과 비교 우위의 대상으로 만들어 관계를 안전하지 않게 만든다.

위 다섯 가지 말은 다른 사람과의 관계를 멀어지게 한다. 너무 익숙하기 때문에 자기도 모르게 습관처럼 말한다. 그리고 관계가 멀어지면 상대가 내 마음을 이해하지 못하거나 오해하기 때문이라고 생각한다. 혹시 우리 말에 서로 이해하고 싶고, 소통하며 유대를 맺고 싶어하는 마음이 드러나지 않기 때문은 아닐까? 위 다섯 가지 말이 아닌, 자신의 진실된 마음을 담는 대화로 바꿔 보자.

선생님의 말 연습

Q1. 다른 사람 또는 나 자신에게 자주 쓰는 말은?

❶ 판단하는 말 □
❷ 강요하는 말 □
❸ 당연시하는 말 □
❹ 책임을 부인하는 말 □
❺ 비교하는 말 □

Q2. 다음 말은 어떤 부류에 속하는가?

❶ 시현이는 남의 일에 참견을 많이 한다. 판단 | 강요 | 당연시 | 책임 부인 | 비교
❷ 너는 왜 호진이만 못하니! 판단 | 강요 | 당연시 | 책임 부인 | 비교
❸ 너희는 말을 안 들어서 그렇게밖에 할 수 없어. 판단 | 강요 | 당연시 | 책임 부인 | 비교
❹ 지금 당장 수학익힘책 풀어. 판단 | 강요 | 당연시 | 책임 부인 | 비교
❺ 당연히 급식실에서는 줄을 서야지. 판단 | 강요 | 당연시 | 책임 부인 | 비교
❻ 너희 너무 산만해. 판단 | 강요 | 당연시 | 책임 부인 | 비교
❼ 옆 반은 선생님 말씀을 잘 듣는다는데…. 판단 | 강요 | 당연시 | 책임 부인 | 비교
❽ 내 말 들어. 판단 | 강요 | 당연시 | 책임 부인 | 비교
❾ 당연히 친구들이랑 싸우면 안 되지. 판단 | 강요 | 당연시 | 책임 부인 | 비교
❿ 네가 계속 그러면 부모님께 연락할 수밖에 없어. 판단 | 강요 | 당연시 | 책임 부인 | 비교

❶ 판단 ❷ 비교 ❸ 책임 부인 ❹ 강요 ❺ 당연시 ❻ 판단 ❼ 비교 ❽ 강요 ❾ 당연시 ❿ 책임 부인

관찰

보이는 대로,
들리는 대로 말하기

교실에서 불편한 상황이 일어났다. 어떻게 말을 시작하면 좋을까? 비폭력대화에서는 대화를 시작할 때 '관찰'로 시작한다. 감정적으로 자극을 받은 상황에서 어떤 일이 일어났는지 객관적으로 '관찰'하여, 관찰의 말로 시작한다. 관찰은 지금 어떤 일이 일어나고 있는지 눈에 보이는 대로, 귀에 들리는 대로 말하는 것이다. 마치 일어난 일을 사진기로 찍어 놓고 설명하듯이, 객관적 사실을 말하는 것이다.

오늘 학교에서 일어난 일 중 불편한 느낌을 준 일을 떠올려 보자. "그 애는 아무것도 안 했다.", "오늘은 애들이 유난히 흥분해 있었다." 같은 말이 먼저 떠오른다면, 그것이 '관찰'보다 '평가'에 가깝다. 즉 있었던 일을 해석한 평가이다. 자신이 보고 들은 장면을 떠올려서 객관적으로 묘사하는 것이 '관찰'이다. 예를 들어, "오늘 3교시 수업 시간에 주아는 수학 문제를 풀지 않고, 30분간 엎드려 있었다."가 관찰이다.

'평가'가 먼저 떠올랐다고 실망하기에는 이르다. 사실 누구나 그렇기 때문이다. 사람은 어떤 상황이나 사람을 볼 때 습관적으로 판단하고 해석하며, 각자의 관점으로 평가한다. 그리고 그런 비슷한 일이 반복되면 그 평가를 사실이라고 믿는다. 어떤 아이를 '아무것도 안 하는 아이'라고 평가하면 그 아이의 다른 면을 보기가 어렵다. 그리고 교사 입장에서 '아무것도 안 하는 아이'를 무언가 하게 만들려고 애를 쓰게 되고, 그 아이는 교사가 하는 말이 무엇이든 자신을 향한 비난으로 듣고 심하면 저항한다.

이처럼 평가는 마음에 어떤 영향을 미친다. 그리고 "넌 왜 아무것도 안 하니?"라고 말하면 상대는 비난으로 듣기 쉽다. 세상에 '아무것도 안 한다' 또는 '게으르다', '이기적이다'처럼 한 단어로 규정할 수 있는 사람은 없다. 특히 아이들을 한 단어로 규정하는 순간, 대화를 시작하기 어렵다.

처음부터 관찰과 평가를 구분하기는 어렵다. 관찰로 말하기는 처음에 어색하고 힘들다. 우리는 어떤 일이 일어났을 때 빠르게 판단하는 데 익숙하기 때문이다. 특히 교사는 교실에서 매 순간 일어나는 일을 빠르게 판단하고 대처하고 해결하는 입장이기 때문에 관찰로 말하기가 더 어려울 수 있다. 인도의 사상가이자 철학자인 크리슈나무르티는 "평가가 들어가지 않은 관찰은 인간 지성의 최고 형태"라고 말했다. 또 고대 로마의 철학자 에픽테토스는 "우리를 힘들게 하는 것은 일어난 일 그 자체가 아니라 그 일에 대한 우리의 해석이다."라고 말했다.

같은 일도 어떻게 해석하고 평가하느냐에 따라 그 일을 대하는 우리 태도가 달라진다. 습관적인 평가를 관찰로 바꾸는 건 처음에는 낯설고 어려울 수 있지만, 아이들을 오늘 하루라도 있는 그대로 관찰하려고 노력해 보자.

선생님의 말 연습

Q. 평가를 관찰로 바꾸려면 어떻게 말해야 할까?

❶ 지수가 거짓말을 했다.

예) 어제 병원에 간다고 학교에 못 온다는 연락을 받았는데, 오늘 물어보니 병원에 안 가고 집에 있었다고 대답했다.

❷ 시현이는 집중을 못한다.

예) 시현이는 수학 문제를 2개 풀고 나면, 다른 친구들이 한 것을 보겠다고 자리에서 일어난다.

❸ 지호는 나를 무시한다.

❹ 준이는 착하다.

❺ 선호는 책임감이 강하다.

평가하는 말로 대화하면 무엇이 문제일까? 평가로 말하면 상대방의 말뜻을 이해할 가능성이 줄고, 오히려 비판으로 받아들이고 저항감을 갖는다.

"넌 왜 맨날 지각하니?", "오늘도 또 늦었어?" 같은 말이 아이들에게는 비난으로 들리기 때문에 쉽게 위축되고 자신이 혼난다고 생각한다. "네가 9시가 넘어서 오는 걸 보니까."처럼 관찰의 말로 대화를 시작한 다음 그 뒤에 "걱정이 돼. 왜 그런지 알고 싶어서 그러는데, 무슨 일 있니?"라고 바꿔 말할 수 있다. 이처럼 교사의 느낌과 욕구를 표현하는 것과 평가로 시작하는 말은 차이가 있다.

혹시 여기까지 읽고 '평가는 하지 말고, 관찰로만 말해야 하나?' 또는 '너무 어렵다.'는 생각이 드는가?

마셜은 "완전히 객관적이 되어 전혀 평가하지 말라는 것은 아니다. 다만 관찰과 평가를 분리하라는 것이다."라고 말했다. 평가하지 않고 세상을 살려는 것이 목적은 아니다. 평가는 여전히 떠오르지만 그것이 사실이 아님을 알아차리는 것이 중요하다. 나의 입장에서 보는 내 평가라는 것을 인식할 수 있도록 마음에 공간을 열어 보자. 그동안 자신의 말이 평가인지, 있는 그대로의 사실을 말하는 관찰인지 구분하지 못했을 것이다. 이제는 평가하며 말하는지, 관찰로 말하는지 구분하는 능력을 키워 보자. 이는 아이들을 있는 그대로 보는 중요한 시도이다.

어떤 사람의 부정적인 면을 보기 시작하면 그가 뭘 해도 마음에 들지 않는다. 그리고 그 사람에 대해 일방적인 이미지가 생기고, 그 판단에 부합하는 정보에만 지나치게 주목한다. 그러다 보면 그 관점을 뒷받침하는 상황에만 눈이 가고, 자신의 관점과 반대되는 상황은 보지 못한다. 나의 판단은 점점 강화되고 사실로 믿게 된다. 그런데 판단과 사실은 다르다.

아이를 하나의 잣대에 두고 판단한다는 것은 모두를 한 상자에 넣고 개인을 규정하는 셈이다. 오늘부터 잘 알고 있다고 생각하는 것들을 다시 관찰의 눈으로 살펴보자. 세상에 고정된 것은 없다. 어제의 아이와 오늘의 아이는 다르다. 어제의 나와 오늘의 내가 다른 것처럼 말이다.

선생님의 말 연습

Q. 평가를 관찰로 바꾸려면 어떻게 말해야 할까?

❶ 내가 우리 반 아이에게 했던 평가의 말은?

예) 서윤이는 문제가 많다.

❷ ❶에서 말한 평가의 말을 관찰로 바꿔 보자.

예) 서윤이는 10분 동안 앉아서 독서를 하기로 했는데, 3분이 지나자 책을 덮고, 옆 친구에게 말을 걸기 시작했다.

❸ 나 자신 또는 누군가에게 들었던 평가의 말은?

예) 나는 꼼꼼하지 못한 교사다.

❹ ❸에서 말한 평가의 말을 관찰로 바꿔 보자.

예) 새 학기 첫날, 옆 반 아이가 우리 반에 앉아 있는 것을 몰랐는데, 옆 반 담임선생님이 오셨을 때에야 알았다.

느낌

내가 지금 어떠한지 전하기

자극이 일어난 불편한 상황을 객관적으로 관찰한 다음에는 내면으로 주의를 돌린다. 호기심과 연민의 눈으로 몸과 마음에서 일어나는 반응, 즉 느낌을 알아차리는 것이다. 느낌은 비폭력대화에서 소통을 만드는 두 번째 요소이다.

혹시 느낌으로 소통하거나 느낌에 대해 배운 기억이 있는가? 판단하고 분석하는 논리적인 사고를 더 중요하게 여겼기에 느낌을 표현하면서 살아온 경험이 많지 않을 것이다. 논리적으로 말하고 빠르게 판단하는 사람이 좋은 평가를 받았기에 느낌과는 점점 더 멀게 지내왔다. 그런데 사람 관계에서는 느낌을 표현할 때 서로를 더 이해하고 유대감이 생긴다. 왜냐하면 사람마다 생각은 다 다르지만 느낌은 서로를 공감하는 바탕이 되기 때문이다.

예를 들어, "독서 시간에 친구랑 이야기해서 다른 친구들에게 방해가 됐어. 이번 주만 벌써 세 번째인데 선생님을 무시하는 거니?"라는 말은 관찰로 대화를 시작했지만 '무시했다'는 생각이 들어가면서 비난으로 들릴 수 있다. 느낌으로 표현하려면 어떻게 해야 할까?

"독서 시간에 친구랑 이야기해서 선생님이 신경 쓰여. 그리고 속상하네. 다른 친구들이 집중할 수 있도록 도와줄래?"라고 말할 수 있다.

아이들이 많이 쓰는 느낌말 중에 "짜증 난다."가 있다. 아이들은 많은 느낌을 이 단어 하나로 표현한다. 아이들에게 "짜증 난다고 말할 때 그 뒤에 어떤 느낌이 함께 있는지 찾아보자."라고 제안해 보자.

아이들은 '걱정된다, 괴롭다, 놀라다, 답답하다, 불안하다, 슬프다, 지친다, 지루하다, 피곤하다, 화난다, 우울하다, 외롭다' 등 생각보다 많은 느낌 단어를 찾는다. "짜증 난다."라는 아이들의 말에 이토록 많은 느낌이 숨어 있다니! 아이들이 찾은 느낌말을 보면 안쓰러운 느낌과 연민이 올라온다.

"에잇! 짜증 나."라고 할 때와 "나 심심해!"라고 말할 때, 둘 중에 어느 말이 더 인간적으로 친밀해질까? 대부분 "나 심심해!"라는 말을 들을 때일 것이다. 서로의 느낌을 구체적으로 말하고 이해할 때 서로를 더 잘 이해하고 친밀해질 수 있다.

우리는 불편한 느낌이 일어났을 때 그 원인을 상대 때문이라는 생각한다. 그러나 비폭력대화에서는 내 느낌의 원인이 욕구에 있다고 본다. 상대의 말이나 행동이 내 느낌을 자극할 수는 있지만, 주요 원인은 아니다.

예를 들어보자. 피곤한 느낌일 때 '수업 시간에 교실을 돌아다니는 아이'가 자극이 되었다고 해보자. 교사는 자극이 된 그 아이 때문에 자신이 피곤하다고 생각하며, "너 때문에 내가 피곤해!"라고 말하거나 그 아이를 비난한다. 물론 수업 시간에 그 아이가 자리에 앉아 있다면 편안히 수업할 수 있다. 그러나 느낌을 자극하는 상대를 비난하는 데 초점을 둔다면 내 느낌의 원인인 욕구를 보지 못하고, 아이를 자리에 앉히려고만 할 것이다.

먼저, 나 자신과 대화해 보자. '저 아이가 수업 시간에 돌아다니는 걸 보면서 나는 지금 피곤하고 지쳐. 안정과 질서 속에서 수업을 진행하는 게 중요해.'라고 나를 먼저 살펴본다. 그리고 상대가 알아들을 수 있도록 말한다.

"미연아, 자리에 앉자. 선생님은 질서와 약속을 지키는 게 중요해."

이 말에서 중요한 초점은 상대에 대한 비난이 아니라 나 자신에게 중요한 것을 상대에게 전하는 것이다.

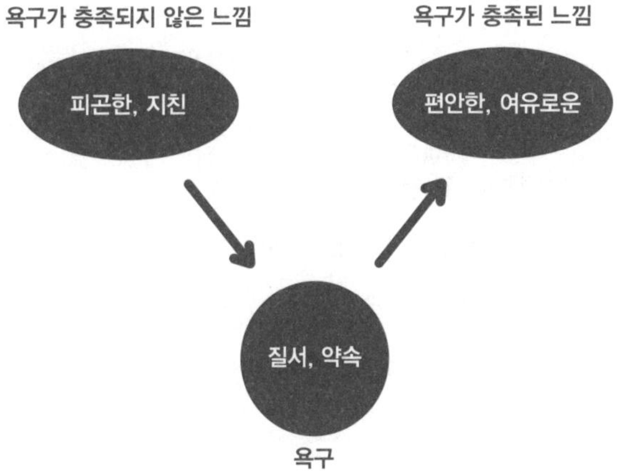

좋은 느낌, 나쁜 느낌이 있는가?

느낌에 좋은 느낌, 나쁜 느낌이 있을까? 느낌이 어떠냐고 물어보면 흔히 "좋아.", "나빠."라고 말한다. 좋고 나쁨은 판단과 선호의 영역이다. 느낌은 다 이유가 있어서 찾아온 신호이므로 모두 소중하다.

체험학습을 갔는데 한 아이가 보이지 않는다. 그럴 때 교사는 '두려운' 느낌이 든다. 두려울 때 가슴이 두근거리고, 몸은 긴장되고, 심하면 눈앞이 깜깜해진다. 이런 신체적 통증과 불편함 때문에 이 느낌을 좋아하지 않는다. 체험학습에서 아이가 보이지 않을 때 두려운 느낌이 드는 이유는 '안전'이 중요하기 때문이다. 그 욕구를 충족하기 위해 아이를 빨리 찾고 싶어진다. 두려운 느낌에 휩쓸리기보다 안전하기 위한 마음으로 아이를 찾아볼 때 더 현명하게 행동하고 말할 수 있다. 두려운 느낌은 안전이라는 욕구를 알려 주고 그 욕구를 충족하기 위해 행동하라고 알려 주려는 신호이지, 없어져야 할 나쁜 것이 아니다.

이처럼 모든 느낌은 좋고 나쁜 판단의 영역이 아니다. 우리 삶에 필요한 신호로서 찾아오고 흘러간다. 그 밑에 숨어 있는 욕구가 충족되었는지, 그렇지 않은지 알려 주려는 것이다. 느낌에 휘둘리기보다는 있는 그대로를 알아차리고 느낌과 연결된 욕구를 의식하고 표현할 수 있다면 삶이 조금 더 편안하고 평온해질 것이다.

다음 느낌 목록을 살펴보면서 최근 어떤 느낌이 자주 드는지 찾아보자. 어떤 느낌은 반갑지 않은 불청객 같고, 어떤 느낌은 반갑고 기쁜 친구 같다. 자주 느끼는 느낌을 찾아보면 요즘 나의 상태를 알 수 있다.

•느낌말 목록•

• 욕구가 충족되었을 때

감동받은, 뭉클한, 감격스런, 벅찬, 환희에 찬, 황홀한, 충만한, 고마운, 감사한, 즐거운, 유쾌한, 통쾌한, 흔쾌한, 경이로운, 기쁜, 반가운, 행복한, 따뜻한, 감미로운, 포근한, 푸근한, 사랑하는, 훈훈한, 정겨운, 친근한, 뿌듯한, 산뜻한, 만족스런, 상쾌한, 흡족한, 개운한, 후련한, 든든한, 흐뭇한, 홀가분한, 편안한, 느긋한, 담담한, 친밀한, 친근한, 긴장이 풀리는, 차분한, 안심이 되는, 가벼운, 평화로운, 누그러지는, 고요한, 여유로운, 진정되는, 잠잠해진, 평온한, 흥미로운, 재미있는, 끌리는, 활기찬, 짜릿한, 신나는, 용기 나는, 기력이 넘치는, 기운이 나는, 당당한, 살아있는, 생기가 도는, 원기가 왕성한, 자신감 있는, 힘이 솟는, 흥분된, 두근거리는, 기대에 부푼, 들뜬, 희망에 찬

• 욕구가 충족되지 않았을 때

걱정되는, 까마득한, 암담한, 염려되는, 근심하는, 신경 쓰이는, 뒤숭숭한, 무서운, 섬뜩한, 오싹한, 겁나는, 두려운, 진땀나는, 주눅 든, 막막한, 불안한, 조바심 나는, 긴장한, 떨리는, 조마조마한, 초조한, 불편한, 거북한, 겸연쩍은, 곤혹스러운, 멋쩍은, 쑥스러운, 괴로운, 난처한, 답답한, 갑갑한, 서먹한, 어색한, 찜찜한, 슬픈, 그리운, 목이 메는, 먹먹한, 서글픈, 서러운, 쓰라린, 울적한, 참담한, 한스러운, 비참한, 속상한, 안타까운, 서운한, 김빠진, 애석한, 낙담한, 섭섭한, 외로운, 고독한, 공허한, 허전한, 허탈한, 쓸쓸한, 허한, 우울한, 무력한, 무기력한, 침울한, 피곤한, 노곤한, 따분한, 맥빠진, 귀찮은, 지겨운, 절망스러운, 실망스러운, 좌절한, 힘든, 무료한, 지친, 심심한, 질린, 지루한, 멍한, 혼란스러운, 놀란, 민망한, 당혹스런, 부끄러운, 화나는, 약 오르는, 분한, 울화가 치미는, 억울한, 열 받는, 짜증 나는

느낌으로 혼동하기 쉬운 말들

느낌으로 알고 쓰는 말 중에 느낌이 아닌 것들이 있다. '무시당한 느낌이다', '비난당한 느낌이다', '공격당한 느낌이다'와 같은 말은 느낌이 아니라 다른 사람의 행동을 보면서 하는 해석이다.

이같은 말로 대화하면 갈등이나 오해가 생길 수 있다. 예를 들어, 회

의를 하고 나서 회의록을 올렸는데 동료 교사가 "지난번에 내가 낸 의견을 반영하지 않아서 '무시당한 느낌'입니다."라고 말했다고 해보자. 그 말이 나를 향한 비난과 질책으로 들려서 불편한 마음에 관계가 서먹해지고 거리감이 생길 수 있다. 그럴 때 이렇게 말해 보는 것은 어떨까?

"의견이 회의록에 반영되지 않아서 아쉬운 거죠? 제가 정리하면서 놓친 부분을 알고서 저도 놀랐고 미안합니다. 알려 주셔서 감사합니다."

'느낌으로 혼동하기 쉬운 말'을 좀 더 자세히 살펴보자.

1) 무시당한 느낌

내가 "선생님이 설명할 거니까 고개 들어서 선생님을 보자."라고 했는데, 아이가 다른 책을 펴놓고 있다가 "그거 학원에서 벌써 배웠어요."라고 말했다. 그 말을 듣고 당황스럽고, 속상하고, 지치고, 서글프다. 화도 난다.

2) 배신당한 느낌

부모님이 전화해서 "아이가 아파서 병원 가느라 학교에 못 가요."라고 했는데, 다음날 아이에게 물어보니 집에 있었다고 했다. 당황스럽고, 불편하고, 서운하고, 실망스럽고, 좌절스럽다.

3) 인정받지 못한 느낌

우리 반 아이가 "우리 엄마가요, 선생님이 초임이라서 모른다고 그랬어요."라고 말했다. 그때 당황스럽고, 기운이 빠지고, 무기력하고, 화도 나고, 속상하다.

4) 공격당한 느낌

철주가 나에게 "선생님은 왜 저한테만 뭐라고 하세요?"라고 말했다. 나는 그 말을 듣고 속상하고, 지치고, 화도 나고, 민망하고, 당황스럽고, 서글프다.

5) 나쁜 교사 같은 느낌

오늘 아이들에게 큰 소리로 "너네 이럴래! 선생님 진짜로 화 나서 수업을 못하겠다."라고 말했다. 후회되고, 우울하고, 아쉽다.

다음 단어는 상대와 오해가 생길 가능성이 있는 말이다. 이렇게 느낌 같지만 자신의 생각을 나타낸 말은 상대를 비난하는 말처럼 들린다. 이런 생각이 들 때는 진짜 느낌으로 표현해 보자. 상대와 편안하게 소통하는 데 도움이 된다.

• 느낌으로 혼동하기 쉬운 말

강요당한, 버림받은, 거절당한, 오해받은, 공격당한, 위협당하는, 궁지에 몰린, 의심받은, 따돌림당하는, 무시당한, 배신당한, 비난받은, 이용당하는, 인정받지 못하는, 조종당하는, 학대받은, 협박당하는

욕구

말과 행동의 이유

다른 사람의 말과 행동이 내 느낌의 원인은 아니다. 내 느낌의 원인은 나의 욕구에 있다. 느낌은 그 순간 내 욕구가 충족되었거나 충족되지 않았다는 신호로서 올라오는 것이며, 느낌에 대한 책임은 각자의 욕구에 있다.

월요일 아침에 출근하는데 유난히 피곤하고 지친 느낌이 든다. '주말에 쉬어야 했는데, 난 왜 이리도 자기 관리를 못하지.' 하는 식으로 자기 자신을 탓하거나, '우리 반 꾸러기들 때문에 지친다, 지쳐.'라는 식으로 상대에게 내 느낌의 책임을 돌리는 생각이 올라오기도 한다. 그런데 이런 말들은 일종의 비난이다. 나 자신이나 상대를 비난하는 방식이어서 쉽게 갈등에 빠지고 소통이 어려워진다.

앞서 말했지만 내 느낌의 원인은 나의 욕구에 있다. 월요일 아침에 피곤하고 지친 느낌이 들 때, 휴식, 잠, 혹은 건강이라는 욕구가 충족되지 않았으니 살펴보고 돌봐달라는 신호이다.

자신의 욕구를 잘 인식한다면, 남이나 자신을 탓하지 않으면서 자신의 마음을 상대에게 표현할 수 있고, 자신의 욕구를 충족하기 위한 행동을 현명하게 선택할 수 있다. 다른 사람이나 자신을 비난하느라 에너지를 쏟으며 우리의 소중한 시간을 낭비하지 않을 수 있다.

다음 욕구 목록을 천천히 살펴보자.

• 욕구 목록 •

• 자율성

자신의 꿈, 목표, 가치를 선택할 수 있는 자유 또는 이를 이루기 위한 방법을 선택할 자유

• 신체적/생존

공기·음식·물, 주거, 휴식, 수면, 안전, 신체적 접촉(스킨십), 성적 표현, 따뜻함, 부드러움, 편안함, 돌봄을 받음, 보호받음, 애착 형성, 자유로운 움직임, 운동

• 사회적/정서적/상호의존

주는 것, 봉사, 친밀한 관계, 유대, 소통, 연결, 배려, 존중, 상호성, 공감, 이해, 수용, 지지, 협력, 도움, 감사, 인정, 승인, 사랑, 애정, 관심, 호감, 우정, 가까움, 나눔, 소속감, 공동체, 안도, 위안, 신뢰, 확신, 예측 가능성, 정서적 안전, 자기 보호, 일관성, 안정성

• 놀이/재미

즐거움, 재미, 유머, 흥

- **삶의 의미**

  기여, 능력, 도전, 명료함, 발견, 보람, 의미, 인생 예찬(축하, 애도), 기념하기, 깨달음, 자극, 주관을 가짐(자기만의 견해나 사상), 중요하게 여겨짐, 참여, 회복, 효능감, 희망, 열정

- **진실성**

  정직, 진실, 성실성, 존재감, 일치, 개성, 자기 존중, 비전, 꿈

- **아름다움/평화**

  아름다움, 평탄함, 홀가분함, 여유, 평등, 조화, 질서, 평화, 영적 교감, 영성

- **자기 구현**

  성취, 배움, 생산, 성장, 창조성, 치유, 숙달, 전문성, 목표, 가르침, 자각, 자기표현, 자신감, 자기 신뢰

욕구는 음식, 공기, 주거를 제외하고 물질적인 것이 아니다. 사람이 살아가는 데 필요하고 중요하며 가치 있는 것으로, 삶에 생동감을 불어넣어 주는 긍정적인 에너지이다. 인간 모두가 똑같이 갖고 있는 보편적인 것이다.

그런데 사람이 살아가는 데 필요한 '돈'은 왜 욕구 목록에 없을까? '돈'은 욕구라기보다는 욕구를 충족하기 위한 수단 방법에 가깝다. 돈은 자유, 공기, 음식, 주거, 휴식, 안전, 자유로운 움직임, 편안함 등의 욕구를 충족할 수 있는 수단이기 때문에 중요하게 여기는 것이다. 그러므로 돈이 아무리 많아도 이같은 욕구를 충족하지 못하면 행복할 수 없다.

우리가 하는 모든 말과 행동은 욕구를 충족하려는 시도이다. 학교에

출근하고 아이들을 가르치는 일, 갑자기 일이 생겨서 조퇴하는 것도 욕구를 충족하기 위한 행동이다. 우리 반 아이에게 말을 걸 때도, 동료 교사와 이야기할 때도, 학부모에게 전화를 하는 것도 어떤 욕구를 충족하기 위한 행동이다. 교사가 그렇듯 아이들의 행동과 말도 욕구를 충족하려고 하는 것이다.

교사로서 학교에서 충족하고자 하는 욕구를 욕구 목록에서 찾아서 표시해 보자. 그리고 아이들이 학교에서 충족하려는 욕구는 어떤 것들이 있는지 찾아보자. 약간의 차이도 있지만 비슷한 욕구가 있다는 것을 알게 될 것이다. 이렇게 욕구를 찾아보고 나면 서로를 좀 더 이해하고 유대감이 흐른다.

• 교사와 학생의 욕구 목록 •

• 교사의 욕구

자율성, 선택할 자유, 유대, 소통, 연결, 존중, 협력, 나눔, 소속감, 공동체, 위안, 안정성, 기여, 능력, 참여, 전문성, 가르침 등

• 학생의 욕구

친밀한 관계, 돌봄과 보호, 소통, 연결, 상호성, 공감, 우정, 소속감, 공동체, 재미, 배움, 성취 등

선생님의 말 연습

Q. 교사로서 아이들의 느낌과 욕구를 짐작해 보자.

❶ 왜 공부해야 해요?

- 느낌: 궁금해요, 답답해요 등
- 욕구: 이해, 배움 등

❷ 이거 하기 싫어요.

- 느낌: 답답해요, 힘들어요, 지쳐요, 피곤해요, 모르겠어요 등
- 욕구: 편안함, 이해, 도움, 수용 등

❸ 선생님, 쟤가 자꾸 저 때려요.

- 느낌:
- 욕구:

❹ 저는 좋은 교사가 아닌가 봐요.

- 느낌:
- 욕구:

❺ 한 번만 더 이런 일이 생기면 폭발할 것 같아.

- 느낌:
- 욕구:

우리 반이 일 년 동안 같이 잘 충족되기를 바라는 욕구에는 무엇이 있을까? 연결, 유대, 존중, 배려, 안전, 조화, 질서, 평등, 재미 등이 있다. 그 욕구는 교사와 학생 모두에게 중요한 욕구이다. 이 욕구 차원에서 우리는 갈등이 없고 모두가 평등하게 연결되어 있다. 갈등은 그 욕구를 구현하는 수단, 방법 차원에서 생긴다. 한두 사람이 욕구를 표현

하지 않고, 자신의 수단(방법)만이 옳다고 주장하며 강요할 경우 갈등이 생길 수 있다. 또한 특정한 누군가가 그 행동을 해야만 내 욕구가 충족된다고 할 때도 갈등이 생기며, 듣는 사람도 부담스럽게 여겨 편안한 관계를 유지하기 어렵다.

하나의 욕구를 충족하는 수단(방법)은 여러 가지가 있다. 예를 들어, '우리 반이 함께 재미있게 지내기'라는 욕구가 중요하다고 하자. 그 욕구를 충족하는 방법으로는 다양하다.

- 욕구: 재미
- 수단(방법): 공동체 놀이, 마피아 게임 등

교실에서 함께 재미있게 지낼 수 있는 많은 방법 중에, 되도록 모두가 불편하지 않고 만족스러워하는 방법을 찾는다면 더 편안한 관계가 될 수 있다.

아이들의 욕구를 충족시켜야 한다고 생각하면 부담스러울 것이다. 교실은 아이들의 다양한 욕구와 교사인 나의 욕구가 공존하는 곳이다. 아이들은 자기 욕구를 충족하기 위해 스스로 행동한다. 혹시 그 행동이 누군가를 배려하지 못할 때는 교사가 가르쳐야 하지만, 교사가 모든 아이들의 욕구를 충족시킬 필요는 없다. 그저 그 마음을 이해하고 알아주는 것, 마음으로 연결하는 것이 최우선이다. 무엇보다 교사는 자기 자신의 욕구를 먼저 이해하고 아는 것이 중요하다.

·교실에서 쓰는 느낌 욕구 목록·

느낌

욕구가 충족되었을 때

가슴 뭉클하다
감동받다
고맙다
기대된다
기쁘다
기운이 난다
따뜻하다
반갑다
뿌듯하다
신난다
안심된다
여유롭다
용기난다
재미있다
편안하다
평온하다
행복하다
홀가분하다

욕구가 충족되지 않았을 때

걱정된다
겁난다
괴롭다
궁금하다
귀찮다
그립다
긴장하다
놀라다
답답하다
당황스럽다
두렵다
막막하다
무섭다
민망하다
불안하다
불편하다
서운하다
속상하다
슬프다
신경 쓰인다
실망하다
심심하다
쓸쓸하다
아쉽다
안타깝다
억울하다
외롭다
우울하다
졸리다
좌절스럽다
지루하다
지친다
짜증 난다
피곤하다
혼란스럽다
화난다

욕구

감사	애도 · 슬퍼하기
건강	여유
공감 · 마음 알아주기	연결 · 친밀함
공기 · 음식 · 주거	예측 가능성
공동체	우정
관심	운동
기여	이해
꿈	일관성
나눔	자기표현
놀이	자신감
능력	자유 · 자율성
도움 · 지지	잠
도전	재미
배려	조화 · 어울리기
배움	존재감
보람	존중
보살핌	진실
보호	창조성
사랑	축하
선택	편안함
성취	평등
소속감	평화
소통	협력
솔직함	혼자만의 시간과 공간
수용 · 받아주기	회복
신뢰 · 믿기	휴식
안전	희망

출처: 비폭력대화 공감카드게임 그로그(청소년용)

부탁

삶을 풍요롭게 하는 부탁

우리는 욕구를 충족하기 위해 구체적인 행동을 '부탁'한다. 부탁의 종류에는 두 가지가 있다. 첫 번째, 대화가 유연하게 이어지도록 대화에 초대하는 부탁으로, '연결 부탁'이라고 한다. 나의 이야기를 오해 없이 전하기 위해 들은 대로 다시 말해 달라고 하거나, 내 얘기를 듣고 상대의 솔직한 마음을 말해 달라고 부탁하는 것이다. 두 번째, 구체적인 행동을 긍정적이고 명료하게 요청하는 '행동 부탁'이 있다. 행동 부탁에는 명확하고 구체적으로 부탁하기와, 긍정형으로 부탁하기가 있다.

'연결 부탁' 하기

들은 대로 다시 말해 달라는 부탁은 내 말이 상대에게 잘 전해졌는지 확인할 수 있고, 나의 대화에 아이들을 초대할 수 있다.

체육 시간을 예로 들어 보자. 수업을 시작하기 전에 "선생님은 첫 번째 '안전'과 두 번째 '함께 재미있는 것'이 중요해요. 선생님이 중요하다고 말한 두 가지가 뭔지 들은 대로 말해 볼까요?"라고 부탁한다. 이렇게 하면 교사가 전하고자 하는 의도를 아이들이 이해하고 있는지 확인할 수 있으며, 주의를 기울여 듣고 반영해서 말하는 훈련이 될 수 있다.

때로는 아이들이 교사의 말을 오해하거나 분명하게 듣지 못해서 대답을 못하거나 전혀 다르게 반응한다. 이때 오해 없이 잘 전하고 싶은 의도를 기억하고, 아이들을 혼내거나 비난하지 않도록 조심해 보자. "내 말을 제대로 안 들었다.", "안 듣고 뭐했어?"보다는 "들은 것을 말해 줘서 고마워.", "내가 다시 정확하게 전달하고 싶으니 귀를 기울여 줘.", "다시 한번 말해 줄게."라고 전달하려는 바를 다시 명료하게 강조해서 전달한다. 이렇게 말하면 교사의 뜻과 일치하지 않거나 빠진 것이 있을 때 다시 말하면서 이해할 기회를 얻을 수 있다.

수업을 하다 보면 아이들이 정확히 이해했는지 확인하고 싶다. 그리고 자신이 지시한 사항을 아이들이 이해했는지 확인해야 할 때가 있다. 그럴 때 아이들에게 교사의 말을 듣고 이해하고 있는지, 또한 그 말을 듣고 마음이 어떤지 물어보는 부탁, 즉 '연결 부탁'을 해본다. 예를 들어, "선생님 이야기를 듣고 어디까지 이해했는지 얘기해 줄래? 선생님이 잘 확인하고 싶어서 그래.", "나는 우리가 한 약속이 잘 지켜지기를 바라는데, 순서가 지켜지지 않아서 속상하다. 질서 있고 안전하게 수업하고 싶어. 내 이야기를 듣고 어떤 느낌이 드니?", "내 이야기를 듣고 어떤 생각이 드니?"처럼 솔직한 반응을 말하도록 아이들에게 부탁하는 것이 나의 대화로 초대하는 '연결 부탁'이다.

'행동 부탁' 하기

1) 구체적으로 행동 부탁하기

"서로를 존중하며 지냅시다.", "친구끼리 협력합시다." "앞으로 잘 지내 봅시다.", "선생님이 지금 여유가 없고 바빠서 그런데 도와줘." 등은 모호한 부탁이다. 아이들 입장에서 무엇을 어떻게 하라고 하는지 이해가 어렵다. 존중, 협력, 잘 지내기, 도움 등의 말은 욕구나 의도 차원의 단어이기 때문에 수긍하고 반대하지는 않지만, 구체적으로 무엇을 해야 할지 모른다.

그러므로 부탁하고 싶은 행동을 구체적으로 '무엇을', '어떻게' 해야 하는지 알아듣도록 말해야 한다. 예를 들어, "서로를 존중하기 위해 별명을 부르지 말고 친구의 이름을 부릅시다.", "과학실 준비물을 가지러 갈 때 같이 갈 세 사람이 필요해요. 함께 갈 사람 손 들어 볼까요?"와 같이 바로 떠올릴 수 있는 행동이어야 아이들이 그 부탁을 이해하고 실행할 수 있다.

선생님의 말 연습

Q. 자신이 자주 하는 막연한 부탁을 구체적으로 바꿔 보자.

❶ 선생님 바쁜데, 도와줄래?

→ 칠판 지우는 거 도와줄 사람? 2명이 필요한데, 손 들어 볼까?

❷ **수업 시간에 협조해 줘.**

➜ 설명할 건데, 앞을 향해 앉고 눈은 선생님을 볼까?

❸ **친구를 도와줘.**

➜ 깜빡하고 수채화물감을 안 갖고 온 친구가 있으니, 같이 쓸까?

2) 긍정형으로 행동 부탁하기

한 학교의 복도와 교실 입구에 이렇게 쓰여 있다고 해보자.

- 다른 반은 들어오지 마시오.
- 뛰지 마시오.
- 크게 떠들지 마시오.

비폭력대화를 만든 마셜은 "우리는 원하는 것보다는 원하지 않는 것을 부탁한다."라고 말했다. 비폭력대화를 하다 보면 자신이 얼마나 부정형의 부탁을 많이 하는지 알게 된다. 교실 안에서 자주 쓰는 부정형 부탁을 떠올려 보자.

• 교실에서 긍정형으로 행동 부탁하기

뛰지 마, 수업 시간에 떠들지 마, 싸우지 마, 때리지 마, 소리 지르지 마, 의자 끌지 마, 쓰레기 바닥에 버리지 마, 늦지 마, 문 쾅 닫지 마, 딴생각하지 마.

부정형 부탁을 들으면서 지금 어떤가? 어떤 장면이 떠오르는가? 몸과 마음의 느낌은 어떤가? 대개 긴장되고 경직되며, 구체적으로 뭘 해야 할지 모르는 상태가 된다.

위 말을 구체적인 행동을 불러일으키는 긍정형으로 부탁해 보자.

• **교실에서 쓰는 긍정형 부탁**

살살 걸어 보자, 설명할 테니 눈은 나를 보고 손은 책상 위에 두고 자세는 정면을 바라보세요, 속상한 일이 있을 때는 말로 해보자, 의자는 들어서 옮겨요, 쓰레기는 쓰레기통에 버립시다, 문은 살살 닫자.

자, 긍정형 부탁을 읽으며 몸과 마음의 느낌은 어떤가? 조금 더 편안하고 구체적으로 무엇을 해야 할지 머릿속에 그려지는가? 부정형 부탁은 우리가 원하지 않는 것만 이야기할 뿐이다. 여러분이 부탁이 있다면 구체적으로 말해야 상대가 알 수 있다. 그러기 위해서는 무엇보다도 '내가 무엇을 원하는지' 정확히 알아야 한다.

선생님의 말 연습

❶ 자신이 자주 하는 부정형 부탁을 긍정형으로 바꿔 보자.

실내화 신고 운동장 다니지 마. → 실내에서는 실내화를 신고, 운동장에서는 운동화를 신으렴. 우리 반 규칙이니 지켜 볼까?

❷ 부탁하는 목적을 분명하게 표현해 보자.

우리 약속을 잘 지키기 바라. 그래서 운동장에서는 운동화를 신었으면 좋겠어. 다음부터는 그러지 않겠다고 지금 선생님하고 약속하자. 어때?

부탁일까, 강요일까?

우리 반 모두가 합의하고 동의했는데 특정 아이가 하지 않겠다고 하면 화가 나거나 속상할 수 있다. 우선 화가 나거나 속상한 건 나에게 중요한 욕구가 충족되지 않았다는 신호라는 것을 기억하자. 아이의 거절은 나의 존재나 나의 욕구를 거절하는 것이 아니다.

예를 들어, 교사가 한 아이에게 부탁을 했다. 그런데 아이가 "싫어요."라고 말해도 이는 선생님을 거부하거나 도움이라는 나의 욕구를 거절한 것이 아니다. 그 아이의 거절은 '그 행동을 그 시간에 하기 어렵다'는 뜻이다. 거절은 자기에게 중요한 욕구가 있어서 그것을 하기 어렵다는 신호이다. 즉, 자신의 욕구에 대한 '예'인 것이다.

쉬는 시간에 '마피아' 게임을 하자는 의견이 나왔다고 해보자. 한 아이가 싫다고 해서 이유를 물어보니 쉬는 시간에 쉬고 싶다고 했다. 이럴 때 어떻게 하면 좋을까? 마피아 게임을 할 때 잠깐 쉬는 것에 대해 모두가 동의하고 원하는 아이들 중심으로 마피아 게임을 하면 모두가 편안할 수 있다.

아이가 거절했다고 그를 비난하거나 강압적으로 시키면 유대감을 갖기 어렵다. 이는 부탁이 아닌 '강요'이다. 강요 뒤에는 '당연히, 마땅히, 해야지'라는 생각이 숨어 있다. 교실 안에서 규칙을 잘 지키고, 함께 하는 신뢰와 공동체가 중요하기 때문에 무언가를 바랄 수 있다. 그러나 아이의 거절 뒤에 어떤 마음이 있는지 이해하고, 비난의 형태가 아닌 새로운 부탁, 창조적인 부탁을 해보자.

공감

상대의 마음을 알아줄 때 생기는 유대감

비폭력대화는 '내 마음을 솔직하게 표현하는 말하기'와 '상대의 말과 행동을 공감하며 듣기'로 이루어져 있다. 솔직하게 표현할 때는 먼저 내가 무엇을 관찰하고, 어떻게 느끼는지, 무엇을 필요로 하고 중요하게 여기는지, 그리고 무엇을 구체적으로 부탁하는지를 말한다. 상대의 이야기를 들을 때도 그 사람이 무엇을 관찰하고, 어떻게 느끼는지, 무엇이 중요하고 부탁하는지를 듣는 것이다. 비폭력대화에서 추구하는 듣기는 '공감하며 듣기'이다.

우리는 자신의 입장에서만 생각하고 바라보는 경향이 있다. 그래서 상대의 입장과 마음을 헤아리기보다는 내 입장에서 판단하고 평가하며 말하기 쉽다. 그러다 보면 서로 유대감을 갖기 어렵다. 교사와 학생의 관계에서는 그 차이가 더 클 수밖에 없다.

'공감'이란 다른 사람이 경험하고 있는 것을 존중하는 마음으로 이해하는 것이다. 그러나 사람은 보통 다른 사람의 이야기를 들을 때 문제를 해결해 주거나 조언하여 상대를 빨리 안심시켜 주고 싶은 마음이 크다. 특히 교사는 학생을 가르치는 입장이기 때문에 빨리 해결해 주고 싶은 마음이 앞서기 때문에 있는 그대로 아이의 말을 듣기가 어렵다. 그럴 때 잠깐 멈춰 보자.

불교의 가르침에 "무언가를 하려고 하지 말고 그곳에 그대로 있어라."라는 말이 있다. 이 말을 듣고 '그럼 어떻게 하라는 거야?'라는 생각이 올라올 수 있다. 그러나 공감은 '그저 그곳에 있으면서, 따뜻한 연민의 마음으로 상대 안에서 일어나는 것을 들으며 그대로 있는 것'에서 출발한다.

아이가 "학교 오기 싫어요."라고 말했다. 그 말을 들은 교사는 난감하고, 빨리 해결하거나 아이의 마음을 바꿔 주고 싶을 것이다. 그래서 공감에 장애가 되는 말을 습관적으로 내뱉는다.

• 공감에 장애가 되는 말 •

• 조언하기

너 지금부터 학교 오기 싫으면, 중 · 고등학교는 어떻게 다닐래? 그러면 대학교에 가기 힘들어. 좋은 대학에 가려면 참고 견뎌야지.

• 위로하기

너만 싫은 거 아니야. 다른 애들도 힘든데 다 참고 오는 거야.

• **내 이야기 들려주기**

선생님 때는 한 반에 애들이 지금보다 훨씬 많았어. 그때는 학교폭력이라는 말도 없어서, 힘센 애들이 얼마나 괴롭혔는지 아니? 그래도 지금이 훨씬 나아.

• **가르치기**

초등학교는 의무 교육이라서, 안 다니면 안 돼. 무조건 다녀야 하는 거야.

• **화제 돌리기**

다른 생각을 해봐. 학교에서 재미있는 거 생각하고, 오기 싫은 마음 같은 건 버려.

• **말 끊기**

그만! 학교에서 자꾸 그런 말 하면 안 돼요.

공감에 장애가 되는 말은 아이의 마음을 읽고 이해하는 데 도움이 되지 않는다. 교사인 나의 입장만 이야기하기 때문에 공감에 장애가 된다. 자, 교사는 어떻게 공감하며 말해야 할까?

• **공감하는 말**

학교 오는 게 힘들고 불편하니? 학교에서 편하게 배우고 친구들과 원활하게 지내면 좋겠는데 잘 안 되니? 어떤 일이 있길래 힘든지 선생님한테 얘기해 줄래? 선생님이 네 이야기를 잘 듣고 이해하고 돕고 싶어서 그래.

한 아이가 말했다. "선생님, 이거 너무 어려워요." 이 말을 듣고 교사로서 빨리 해결해 주고 싶은 마음이 앞서면 아이의 입장을 이해하지 못하고(공감하지 못하고) 이렇게 말한다. "네가 좀 더 노력하면 될 거야. 다시 해봐." 그리고 한숨을 쉬면서 속으로 '넌 왜 안 되니? 다른 애들은 다 되는데.' 하고 포기하는 마음이 생기거나 아이를 따뜻하게 바라보기 어려워진다. 왜 해도 안 되나 싶어서 스스로 지칠 수도 있다. 아이를 이해하기 전에 가르쳤기 때문이다.

공감하는 말로 바꾸면 이렇게 말할 수 있다. "수학 문제 푸는 게 많이 어려워서 답답하니? (상대의 욕구를 추측한다. 어려워하는 자신을 이해받고 싶거나, 도움이 필요하구나.) 어떻게 도와줄까? 다시 설명해 줄까?"

공감하는 말은 어떻게 해야 할까? 상대가 그렇게 말하거나 행동할 때, 상대가 무엇을 보았는지(관찰), 그로 인해 어떤 느낌인지, 무엇이 중요하고 필요한지(욕구), 그리고 어떤 부탁을 하고 있는지를 상대의 입장에서 보는 것이다. 공감은 내 입장을 잠깐 내려놓고 상대의 마음속으로 들어가서, 그 상대와 함께 잠깐 있어 주는 것이다.

공감으로 가는 4단계

첫 번째, 먼저 듣겠다는 마음을 낸다. 내 마음 안에서 일어나는 것들, 해야 할 업무, 다음 단계에서 말하려고 준비하는 것들을 잠깐 내려놓는 것이다. 나의 의견이나 선입관을 내려놓고 존재로 들어 주려는 마음을 낼 때 들을 준비가 된다. 아주 짧은 순간이면 된다. 잠깐, 이때 내 일이 너무 바빠서 마음과 시간의 여유를 낼 수 없다면 아이에게 이렇게 말한다. "지금 하는 일이 급해서 그런데, 조금 이따가 듣고 싶어. 이따가 다시 올래?"

두 번째, 침묵하며 상대의 이야기를 있는 그대로 듣는다. 상대가 무은 이야기를 하든 그것을 일단 있는 그대로 듣는다. 판단이 올라오거나 내 이야기를 하고 싶어지면 상대의 이야기를 듣겠다는 다짐을 다시 기억한다. 내 이야기는 상대를 공감한 다음에 충분히 표현할 수 있다는 점을 기억하자.

세 번째, 내가 들은 것을 상대에게 확인한다. 내가 이해한 것이 상대가 말한 것이 맞는지 확인한다. 이때 나도 상대의 이야기가 정리되고, 상대도 자기 생각이 정리되고 자기 이해가 된다.

네 번째, 상대의 느낌과 욕구를 추측한다. 상대의 느낌과 욕구를 정확하게 맞히는 것이 목표는 아니다. 상대가 이야기할 때 어떤 느낌이고 그 안에 소중한 것이 무엇인지 그 마음과 연결하려는 것이 의도이다. 상대가 공감을 받으면 긴장이 해소되고 이완되는 것을 느낄 수 있다.

기억할 것이 하나 더 있다. 공감은 매 순간 말로 표현하는 것이 아니다. 학교 안에서 일어나는 상황은 반복적이다. 교실에서 반복해서 일어나는 상황에 대해 아이들의 느낌과 욕구를 공감으로 추측하고 이해하고 있다면, 매 순간 교사가 공감으로 말하지 않더라도 말과 표정, 대하는 마음이 달라져 있을 것이다.

상대를 공감하기 어려울 때도 있다. 바쁜 일과 속에서 시간이 부족할 때, 내 안에 여유가 없을 때, 공감할 수 있는 여러 조건과 환경이 아닐 때 공감하기 어렵다. 또한 특정한 누군가를 공감하기 싫다면 나의 아픔 때문일 수 있다. 그럴 때는 무엇보다도 내가 나를 공감하고, 내 안의 아픔을 돌봐야 한다. 교사가 자기 자신을 잘 돌봐야 아이들도 잘 돌볼 수 있다는 점을 기억하자.

선생님의 말 연습

다음 순서에 따라 나를 돌보는 시간을 갖는다.

❶ 하던 일을 잠깐 멈추고 숨을 크게 쉰다.
❷ '자극이 되는 일은 어떤 일이지?' 무엇을 보았고 들었는지 떠올리거나 적는다.
❸ '그 일로 내 몸과 마음의 느낌은 어떻지? 내 주의를 자신의 가슴 안으로 가져온다.
❹ '지금 이 느낌은 나에게 소중한 욕구를 알려 주려고 온 신호야.'라고 속으로 되뇌면서, 자신에게 소중한 욕구를 떠올린다.
❺ 서둘러 해결하려고 하기보다 잠시 여유를 갖고 자기만의 힘을 되찾는다.

'싫어요'는 대화의 새로운 시작이다

누군가에게 부탁이나 제안을 했는데 상대가 "싫어요."라고 말할 때가 있다. '싫어요'를 대화의 단절이나 관계에 대한 거절로 여기면 상대와 다시 대화할 기회를 놓칠지도 모른다.

우리는 교실에서 '싫어요'에 어떻게 대처하고 있을까? 크게 세 가지로 나눌 수 있다. 내 방법이 얼마나 옳고 중요한지 강요하기, 상대의 거절에 좌절하면서 자신의 욕구를 포기하고 자책하기, 상대가 왜 싫다고 하는지 그 이유를 듣고 함께 해결하기로 나눌 수 있다. 비폭력대화에서는 이 중 마지막 방법, '싫어요'라는 한계를 만났을 때 서로의 욕구를 존중하는 방향으로 상대를 공감하고 자신의 욕구를 표현하면서 새로운 대안을 찾아보라고 권한다.

• 우리는 '싫어요'에 어떻게 대처하고 있을까? •

교사: "이거 끝까지 다 써 보자!"
학생: "싫어요."

• 강요형 말하기

"다른 애들은 다 하고 있잖아. 넌 왜 맨날 싫다고 하니? 그러면 학년이 올라갈수록 더 못해.", "이렇게 쓰는 게 얼마나 중요한지 아니?"

이런 경우 아이는 교사의 말을 비난으로 듣기 쉽고, 유대 관계나 신뢰를 구축하기 어렵다. 무엇보다 안타까운 건 교사가 아이들을 돕고 잘 배울 수 있도록 촉진하고자 하는 아름다운 욕구를 아이들에게 전해 줄 수 없다는 점이다.

• 포기형 말하기

"그래. 그럼 어쩔 수 없지. 여기까지만 하자."

상대를 존중하는 마음에 상대의 요구만을 수용한 채, 교사가 자신의 욕구를 슬그머니 내려놓는 경우이다. 이때 우리는 상대에게 우리 안에 있는 소중한 가치인 욕구를 전할 기회를 잃고, 이것이 반복될 경우 교사의 힘을 잃을 수 있다. 무엇보다도 상대의 욕구만큼이나 우리의 욕구도 중요하다는 사실을 잊지 말아야 한다. 교사가 아이에게 제안한 방법을 다음 기회로 미루더라도 자신의 욕구는 아이에게 알려야 하므로 자기표현을 하는 것이 중요하다.

• 상호존중형 말하기

"끝까지 쓰는 게 어렵니? 왜 어려운지 알려 줄래? 네가 잘 배우고 숙달하도록 돕고 싶어서 그래."

아이의 '싫어요'는 교사가 제시한 방법에 대한 거절이지만 단절은 아니다. 아이가 교사의 제안에 대해 "싫어요."라고 말한 것은 이유가 있기 때문이라는 점을 알아차리자. 그 이유를 욕구로 이해하면 조금 더 쉽게 다가올 것이다. 즉, "싫어요."라고 할 때 나에 대한 무시나 거절이 아니라는 점을 기억하면서, 그 이유에 귀를 기울여야 한다. 상대의 욕구에 대해 귀 기울여 들을 수 있는 기회를 가질 때 서로의 욕구를 충족할 수 있는 새로운 제안을 할 수 있기 때문이다.

• **아이의 '싫어요'에 현명하게 대처하는 말**

1. "어렵니? 좀 더 쉽게 배우고 싶은 거니? (아이의 대답을 확인한다.) 네가 잘 배우고 숙달하도록 돕고, 다 같이 하는 게 선생님에게 중요해. 그러니 지금은 어려운 건 빼고 쉬운 것을 하면서 다른 친구들 푸는 동안 같이 하면 좋겠어. 어때?"
아이의 거절 욕구와 교사의 욕구를 포함하는 대화를 할 수 있다.

2. "네가 잘 배우고 숙달하도록 돕고 다 같이 하는 게 중요해. 네가 많이 지치고 힘드니까 오늘은 여기까지만 하자. 어떠니?"
아이의 거절을 받아들이는 대화를 할 수 있다.

앞에서도 말했지만 아이의 거절은 교사가 제안한 그 시간에 그 방법을 하는 것이 어렵다는 뜻이다. 아이의 마음 뒤에는 아이에게 중요한 욕구, 즉 이유가 있기 때문이다. 만약 다른 시간, 다른 방법이라면 아이가 할 수도 있다.

이제 호기심을 갖고 공감하며 물어볼 차례이다. "이거 끝까지 쓰는 게 어렵고 힘드니?", 이렇게 상대의 욕구를 추측하며 잠시 대답을 기다려 본다. 그리고 내가 제안한 이유에 대해서도 아이가 알아들을 수 있도록 자기표현을 한다. "선생님은 네가 어려워하는 거 이해해. 그리고 좀 더 익숙해지도록 돕고 싶어. 선생님 이야기 들으니 어때?" 이렇게 마음을 먼저 연결한 다음 서로가 조금 더 만족할 수 있는 대안을 찾아본다. 학습량을 조금 줄일 수 있고, 아이가 다시 해보겠다고 할 수도 있다. 만약 아이가 신체적 혹은 정서적으로 어려움이 있어서 다 할 수 없는 상태라면 다른 방법을 찾아야 한다.

아이의 '싫어요'를 새로운 제안으로 듣고 대화를 이어가는 경험을 쌓으면, 상대의 '싫어요'가 더 이상 두렵지 않고 대화의 시작으로 들을 수 있다. 무엇보다 교사와 아이 사이에 점점 더 두꺼운 연결과 신뢰가 쌓여가는 것을 경험할 수 있다.

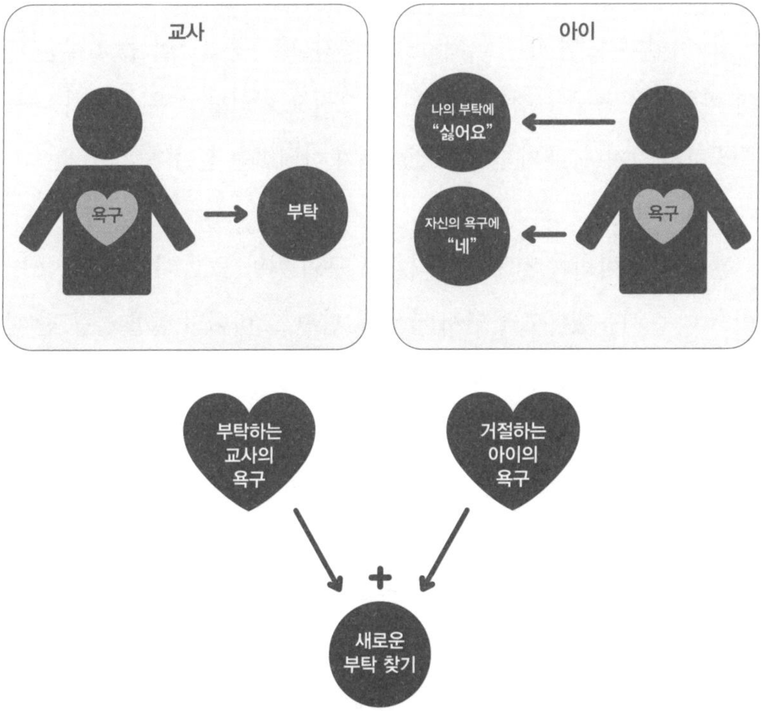

침묵하는 아이와 대화하기

아이가 침묵한다면 제안받은 부탁에 대한 거절일 수도 있고, 자기 자신이 어떠한지 알 수 없어서 아무 말도 하지 못하는 것일 수 있다. 또는 정서적으로 안정하기 위해 시간이 필요할지도 모른다. 아이의 침묵 뒤에 있는 욕구는 무엇일까? 아이가 지금 어떤지 추측하며 연결해 볼 때 우리는 침묵하는 아이와 대화할 수 있다.

만약 아이의 침묵을 견디기 어렵다면 무엇보다도 자신의 느낌과 욕구를 알아차리는 것이 먼저이다. 그 순간 당황스럽거나 속상하거나 답답할 수 있다. 그럴 때는 이해하고 소통하고, 존중받으며 돕고 싶은 나의 아름다운 욕구를 잠깐 떠올린다. 그리고 기억할 것은 침묵이 나를 존중하지 않거나, 내가 능력이 없어서가 아니라는 점이다.

한번은 한 아이가 친구들이 다른 친구의 편만 들고 자기 말을 안 믿어서 너무 서운했다고 울면서 말했다. 한편 그 아이의 말을 들은 반 친구들은 모두 당황한 것 같았다.

다음날, 그 아이에게 "오늘은 좀 어떠니? 어제 솔직한 마음을 이야기했는데, 지금 어떤지 궁금해." 하면서 대화를 시도해 보았지만, 아이는 아무 말도 하지 않고 고개를 푹 숙인 채 한참 동안 침묵했다.

"잠깐 이야기 나누고 싶은데 어떠니?"

"말하고 싶지 않아요."

"그래. 나는 네가 오늘 어떤지 이해하고 싶고, 도울 수 있는 게 있다면 돕고 싶었어."

"여기저기에 다 말하고 싶지 않아요."

아이의 침묵이나 거절은 대화의 단절이 아니라 자신의 욕구를 표현하는 행동일 뿐이라는 걸 기억하면, 그 순간은 연결의 기회이다. 자신의 선택에 대한 존중과 보호, 안전, 상대의 욕구를 추측해 본다.

"말하고 싶지 않다고 얘기해 줘서 고마워. 말하고 싶지 않은 네 선택을 존중해. 혹시 말하고 싶어지면 그때 이야기해 줘. 나는 네가 어떤지 이해하고 돕고 싶은 마음이야."

침묵은 대화의 단절이 아닌 또 다른 자기표현이다. 때로는 정말 아무 말도 안 하고 완전히 침묵하는 아이도 있다. 그때 침묵은 교사에 대한 도전이나 반항이 아닌, 그 아이만의 또 다른 표현이다. 그리고 아이가 말하고 싶지 않을 때는 중요한 욕구가 있기 때문이다. 그럴 때는 왜 대화하고자 하는지 나의 느낌과 욕구를 표현하는 것이 연결에 더 도움이 된다.

비폭력대화로 비난을 듣는 법

아이들이 교사에게 "좋다.", "고맙다."라고 잘 표현하는 날은 모든 게 순조롭다. 다른 사람의 말에 별로 상처도 받지 않는다. 그런데 뭔가 일이 잘 풀리지 않고, 수업할 때 아이들과 실랑이가 벌어지는 일이 이어지면 아이들이 툭툭 내뱉는 말에 상처를 받는다. 교사인 내가 잘하지 못해서 하는 말인 것 같아서 아이들의 말이 비난으로 들린다. 겨우 열 살 전후의 초등학교 아이들이 하는 말에 어른인 교사가 상처받고 속상하다는 걸 누군가에게 말하기도 어렵고, 자기 스스로도 인정하고 싶지 않다. 그래서 더 힘들다.

아이들을 대하기가 유난히 힘든 해가 있다. 다른 교사에게 반 아이들의 문제점을 듣거나, 전에 맡은 아이들에 비해 사건 사고가 많으면 마음이 더 복잡해진다. '내가 혹시 뭘 잘못하고 있나?', '내가 부족해서 아이들이 그런가.'라고 자책도 한다. 아이들과 한참 실랑이를 하는데, 옆 반에서 웃음소리가 들리면 마음이 더 착잡해진다.

"선생님, 옆 반은 과자 파티 하는데, 우리는 왜 안 해요?"

"우리 반 너무 재미없어요."

"선생님, 하기 싫어요?"

"선생님, 우리 엄마가요, 선생님이 초임이라서 뭘 모른대요."

이런 말들은 아이들과 관계가 좋아도 자극이 된다. 어떤 날은 심각한 비난의 화살로 들려서, 듣는 순간 머리가 멍해지면서 할 말을 잃는다. 비난으로 들린 말은 퇴근하는 길에도, 밥을 먹을 때도, 잠을 자려고 누워 있어도 머릿속에서 맴돌며 자신을 괴롭힌다. '나 보고 부족하다고 하는 비난이야. 나를 우습게 생각하는 거야. 게다가 애들 앞에서 어떻게 저렇게 말할 수가 있지?' 하는 생각은 꼬리를 물고 계속 이어진다. 생각의 소용돌이에 빠져들면 생각만으로 쉽게 빠져나오기가 어렵다. 그럴 때는 비폭력대화로 번역해서 듣고, 교사 자신을 보호해 보자.

먼저 나의 느낌으로 돌아와야 한다. 교사는 아이의 말에 때로 고통스럽고, 괴롭고, 힘들다. 가슴 한쪽이 찌릿 아프고, 머리가 멍해지고, 숨이 턱 막히기도 한다. 이 모든 신체적 감각과 정서적 느낌은 소중한 나의 욕구가 충족되지 않았다는 신호이다. 느낌을 알아차리면 잠깐 멈춰서 이 느낌에 따뜻한 주의를 주고 흘러갈 수 있도록 허용한다. 느낌 자체에 빠져서 빨리 해결하고 행동하는 것보다는, 잠깐 멈추고 안전지대를 만드는 것이 중요하다. 잠시 침묵하며 반응하지 않는 걸 선택하는 것도 괜찮다. 이는 자신을 안전하게 지키기 위한 방법이자, 모두를 보호하는 보호막이다.

그런 다음에 내 느낌이 가리키는 욕구를 찾아서 마음속으로 되뇌어 본다. 존중, 배려, 상호성, 사람에 대한 인간적 연민, 따스함…. '다름을 서로 존중하고 배려하며 말할 수 있다면 얼마나 좋을까? 그걸 잘 알지 못해서 아픈 말을 하는구나.' 하고 생각하면 어느덧 연민의 마음이 찾아온다. 만약 그 순간에 나의 마음과 연결할 시간이 부족하다면 일단 침묵하며 잠깐 멈췄다가 마음을 진정한다. 그런 다음 상대와 따로 시간을 내서 이야기를 나눈다.

상대가 나를 비난했다고 생각하는 말은, 사실 그 사람의 욕구가 충족되지 않은 것이 표현된 것이다. '내 욕구를 알아주세요, 선생님!', '제 마음을 좀 알아주세요, 선생님. 제 욕구가 충족되지 않아서 괴로워요!'라는 뜻이다. 자신의 마음을 표현하는 법을 몰라서, 옆에 있는 사람을 비난하는 식으로 말하면 그 사람이 알아줄 거라고 무의식적으로 생각해서 하는 말이다. 인간은 살아온 환경에서 가진 해석, 분석의 틀 안에 있기 때문에 자기 입장에서만 생각하는 경향이 있다. 그렇기에 함께 어울려 살고 조화롭게 살기 위해서 의사소통을 위한 대화법을 배워야 한다. 상대의 말을 '내가 잘못해서'라고 받아들이지 않을 수만 있다면 우리는 비난의 화살을 피할 수 있다. 상대가 하는 비난은 '아무리 던져도 나에게 맞지 않는 화살'이라고 생각해 보자. 왜냐하면 상대가 던지는 비난은 '충족되지 않은 욕구'이기 때문이다.

비폭력대화 교육장에서 있었던 일이다. 욕구에 대해 설명하고 있는

데, 한 교사가 질문했다.

“그런데 파괴하고 싶은 욕구도 있잖아요. 욕구에는 왜 다 좋은 말만 써 있죠?”

그의 표정은 딱딱하게 굳어 있었고, 질문이 날카롭게 들렸다. 나는 ‘내 수업에 대한 비난일까?’라는 생각이 들었고 잠시 멈췄다가 물었다.

“파괴하고 싶은 욕구란 게 뭔지 조금 더 구체적으로 얘기해 주시면 설명하는 데 도움이 될 것 같아요. 어떤 상황, 어떤 일인지 얘기해 주시겠어요?”

그 교사가 약간 머뭇거리다가 말했다.

“제가 작년에 출근할 때마다 앞차를 박아 버리고 싶더라고요. 확 저 차를 밀어 버리고 저도 사라지고 싶었는데, 왜 욕구에는 그런 게 없죠?”

그 질문은 비난이 아니었다. 자신의 고통을 말하고 있었다. 상대의 말을 “알아주세요.”라고 듣는 순간 상대를 공감할 수 있는 마음의 공간이 생긴다.

“선생님, 제가 그 말을 듣고 설명하기보다는 잠깐 다른 선택을 하고 싶어요. 제가 말로는 다 표현할 수는 없지만… 얼마나 고통스럽고 힘드셨나요?… 그 마음에 잠시 같이 머물고 싶은데요.”

때로 한 사람의 고통을, 나의 한두 마디 말로 온전히 공감할 수 있을까 하는 순간이 있다. 가슴이 먹먹했다. 그 교사는 출근하는 아침마다 앞차를 박고 사라지고 싶을 정도로 고통 속에 있었다. 그 긴 시간을 혼자 얼마나 외롭고 힘들었을까? 눈물이 났다. 모두가 잠깐 멈추었고 침묵했다. 그 교사는 그날이 전환점이 되어, 비폭력대화를 배우며 자신을 돌보기 시작했다.

마셜 로젠버그는 "It's not about me", 즉 나에 대한 비난이 아니라 자기 욕구가 충족되지 않았으니 "알아주세요(please)."라는 말이라고 했다. 마셜은 우리가 하는 말은 두 가지로 나눌 수 있다고 했다.

"제발 알아주세요(Please)."

"고맙습니다(Thanks)."

이것을 안다면 우리는 타인의 말로 상처받지 않을 수 있다.

'화'라는 강력한 힘 다루기

'화(분노)'는 삶에서 일어나는 자연스러운 느낌이다. 이 화를 어떻게 표현하느냐에 따라 관계에 다양한 영향을 미친다. 화가 날 때 어떻게 행동하는가? 주변 사람들은 화가 났을 때 어떻게 말하고 행동하는가? 다른 사람이 화내는 방식이 너무 싫어서 나는 절대로 그렇게 화내지 말아야지 했는데, 참고 참다가 나도 같은 방식으로 화내고 있는 걸 보고 후회한 적은 없는가. 화를 어떻게 해야 할지 방법을 모른 채 그것을 주변 사람들에게 쏟아붓고 만다. 그 고통스러움은 주변 사람들에게도 퍼져서 함께 고통스러워진다. 그렇기 때문에 사람들은 화를 두려워하고 피하고 싶어 한다. 화는 살면서 찾아오는 느낌 중에 하나임을 다시 기억하면서 나의 화에 한 걸음 다가가 보자.

우리는 화에 대해 어떤 생각을 하고 있는가? '좋은 교사는 화내면 안 된다.', '화는 나쁘다.', '화를 내면 성숙하지 못한 사람처럼 보인다.', '화는 숨겨야 한다.'라고 생각한다면 화가 난 걸 숨기고 내면에 쌓아 두다가 폭력적으로 폭발할 위험이 있다. 내면에 쌓인 분노 에너지 때문에 우리 몸과 마음이 그 대가를 치르게 된다.

화가 났을 때 뇌에서는 무슨 일이 벌어질까? 이성적인 뇌인 전전두엽은 활동을 멈추고, 분노와 공포를 담당하는 편도체는 활성화된다. 편도체는 위험이나 공포 상황에서 신속히 반응해서 판단하기 위해 활성화되는 영역이다. 화는 강력한 경보 신호인 것이다. 그러나 일상에서 화가 나는 상황은 강력한 위험 상황이 아닌 경우가 많다. 그렇다면 우리가 싸우거나 피하는 방식이 아니라, 이성적으로 판단하면서 서로에게 도움이 되는 방식으로 전환하여 어떻게 소통할 것인가라는 숙제가 남는다.

마셜 로젠버그는 "분노를 우리에게 충족되지 않은 욕구가 있고, 지금 그 욕구가 충족될 가능성 낮은 방식으로 생각하고 있다는 것을 깨닫게 해주는 자명종으로 활용한다면, 분노는 아주 중요한 역할을 하게 된다."라고 말했다.

자극과 원인 구분하기

수업 시간에 교사의 말을 따르지 않는 아이가 있다고 해보자. 아이에게 두세 번 말했는데도 아이가 교실을 계속 돌아다니고 있다면? 교사는 화가 나기 시작한다. 심장이 두근거리고 얼굴에서 열이 난다. 참고 참다가 한마디를 한다. "너 자꾸 이럴래? 너 때문에 기분이 안 좋잖

아. 자꾸 이렇게 할 거야? 너 때문에 수업을 할 수가 없잖아. 한두 번도 아니고…" 하면서 억양이 올라간다. 화가 난 상태에서 즉각적으로 반응하며 말할 때는 다른 사람을 벌주는 데 자신의 에너지를 소모하게 된다. 이때 교사는 중요한 걸 표현하지 못하고 아이들도 중요한 걸 배우기가 어렵다.

비폭력대화에서는 내 안에 일어난 화에 상대의 책임은 없다고 말한다. 상대의 말이나 행동은 분노를 일으키는 자극이 될 수는 있지만 원인은 아니다. 일단 자극이 된 그 상황을 떠올려 보자. 어떤 일이 있었는가? 그때 누가 어떤 말이나 행동을 했는가? 이것은 관찰의 형태이다. 그 사람이나 상황에 대한 평가나 해석이 아니다. 그리고 그 상황에 대한 나의 평가와 비난의 생각들을 꺼내 보자.

'아, 전에도 그랬지, 맞아 나를 무시한 거야.', '학생이라면 당연히 교실 안에서 선생님을 존중해야지.', '내 말을 들어야지, 다른 아이들도 영향을 받을 거야, 그러면 다들 나를 무시하겠지.' 하면서 비난의 생각들이 꼬리를 물고 이어진다. 시간이 흘러 그 일이 지나가도 화라는 에너지는 '생각'이라는 장작을 넣으면 넣을수록 더 활활 타오른다. 그리고 우리 관계는 더욱더 멀어질 것이다.

화에 에너지를 주고 있는 생각을 꺼내 보는 것은 어떨까? 틱낫한 스님은 "화는 밖에서 오는 것이 아니라 우리 안에서 일어나는 것"이라고 했다. 또한 "화는 간절한 보살핌을 바라는 아기"라고 말했다. 화를 감싸 안기 위해서는 아기의 울음소리에 귀를 기울이는 어머니처럼 관심과 사랑의 호기심으로 그것을 바라보아야 한다. 또한 무엇이 중요하고 무엇이 필요한지 살펴본다. 아기가 울 때 열이 나서인지, 배가 고파서인지, 기저귀가 젖어서인지 등 어머니가 아기의 고충을 살펴보는 것처럼 말이다.

마셜은 '머릿속 판단의 쇼'를 들여다보라고 했다. 어떤 생각에 붙잡혀 있는지 살펴보기 위해서이다. '교실에서 내 말을 들어야 한다. 다른 아이들이 그 행동을 보고 따라하면 더 상황이 악화될 것이다. 그러니 너는 내 말을 따라야만 한다. 선생님을 존중해야 한다.'라는 생각이 화의 원인이다.

우리의 생각과 말과 행동 뒤에는 욕구가 숨어 있다. 화를 일으키는 생각 뒤에는 소중하고 아름다운 나의 욕구가 숨어 있다. 화는 소중하다. 화가 났을 때 자신의 초점을 내면으로 가져올 수 있다면 화는 축복이 된다.

교사의 마음 뒤에 숨어 있는 욕구는 존중, 수용, 교실 안의 평화 등이다. 초점을 욕구에 두고 잠시 머무르면 이완되는 것을 느낄 수 있다. 편도체가 안정화되면서 전전두피질이 활성화되고 이성적으로 좀 더 넓은 시각에서 말하고 행동할 준비가 되었다는 신호를 느낄 수 있다.

화에 휩싸여 행동할 때는 자신이 중요하게 여기는 존중이나 평화가 깨질 수 있다는 점을 기억하자. 그리고 어떤 아이의 행동으로 자신에게 중요한 욕구를 충족하지 못한다는 걸 떠올리면 아쉽고 서운한 느낌으로 변한다. 여기까지가 '자기 공감'이다.

교사는 자기 자신과 연결하고 나서, '그 아이는 내가 싫어하는 행동을 하면서 어떤 욕구를 충족하고 싶었을까?'라고 생각하면서 아이의 내면을 공감하며 추측한다.

20명 이상이 있는 교실에서 화가 났을 때 즉시 자기 공감을 하고 아이들을 공감하기에는 여유가 없을지도 모른다. 이미 화를 냈더라도, 또는 아이들이 모두 집으로 돌아간 이후라도 자신을 위해 화를 돌보는 시간을 가져야 한다. 이를 반복해서 연습할 때만 화라는 뜨겁고 강력한 에너지에 데이지 않고, 그 에너지를 자신의 소중한 욕구의 표현으로 바꿀 수 있다. 이 훈련을 반복할수록 나중에 화 나는 상황이 비슷하게 생겨도 교사가 여유를 갖고 말하고 행동할 수 있다.

분노 표현하기

1단계: 우선 멈춘다. 숨을 크게 들이마시고 내쉬면서 긴장을 내보내며 몸을 이완한다. 때로 나의 멈춤이나 자리를 비우는 것을 상대에게 간단히 알려줘야 한다면 가급적 짧게 말한다. "내가 화가 나서 잠깐 시간이 필요해. 더 말하면 후회할 말을 할 것 같아."

2단계: 화의 원인을 찾아본다. 대개 상대에 대한 비난이 떠오를 것이다. 머릿속에서 일어나는 판단의 생각을 바라보는 관찰자가 되어 본다.

3단계: 판단의 생각은 모두 충족되지 못한 욕구의 비극적 표현이라는 것을 기억하자. 우는 아기를 따뜻한 마음으로 안아 주듯 자신의 욕구와 연결해 본다.

4단계: 나의 욕구를 온전히 표현한다. 이때 화의 강한 에너지가 아닌 욕구 차원의 에너지와 연결된 느낌이 들 것이다. 느낌과 욕구를 솔직하고 힘 있게 표현할 때, 힘을 잃지 않을 수 있다.

선생님의 말 연습

Q. 최근 화가 났던 상황을 떠올리며 비폭력대화로 말해 보자.

❶ 관찰: 네가 ____________하는 걸 보고
❷ 느낌: 나는 ____________ (느낌)이 들어.
❸ 욕구: 왜냐하면 나 ____________(욕구) 하는 게 중요하기 때문이야.
❹ 부탁: 내 얘기 듣고 어떠니? 그러니 다음에는 ____________해볼래?

예) "나는 존중이 중요해. 그런데 내가 반복해서 말하는데도 네가 똑같이 하는 걸 보니 속상하다. 내 말에 대해 존중받고 싶은데, 내 이야기를 듣고 너는 어떤지 얘기해 줄래?"

예) "급식실에서 밥을 먹다가 옆 친구의 머리를 때리고는, 잔반통에 밥을 쏟아 버리고 나가는 걸 보고, 너무 속상하고 답답했어. 왜냐하면 서로 배려하는 게 중요하기 때문이야. 내 얘기 듣고 어떠니? 다음에는 화가 나더라도 다른 친구를 때리지 않겠다고 약속해 줄래?"

아이들의 '화' 다루기

아이들이 화가 났는데 위험한 상황이라면 교사의 힘을 사용해야 한다. 힘을 사용하는 이유는 모두의 안전을 위해서라는 점을 알려야 하기 때문이다. 아이의 행동 이면에 충족되지 못한 욕구가 있다는 것을 기억한다. 화가 난 상대에게 "너 화내면 안 돼."라면서 그 상황을 억누르려고 하거나, "내가 계속 얘기하는데, 못 알아듣니? 내 말 좀 들어."라고 말해도 상대는 나의 말을 들을 수 없다. 화가 났을 때 머릿속은 이성적인 뇌가 멈추고 파충류의 뇌, 즉 싸우거나 회피하는 편도체가 활성화된 상태이기 때문이다. 아이의 분노 에너지가 가라앉을 때까지 안전함을 구축한 다음, 아이가 알아들을 수 있도록 공감으로 시작해 이야기하고 지도해야 한다. 아이들이 어떤 때 분노의 도화선이 되는지를 잘 관찰해 두는 것도 도움이 된다.

2장

교사의 말하기는 어디에서 올까?

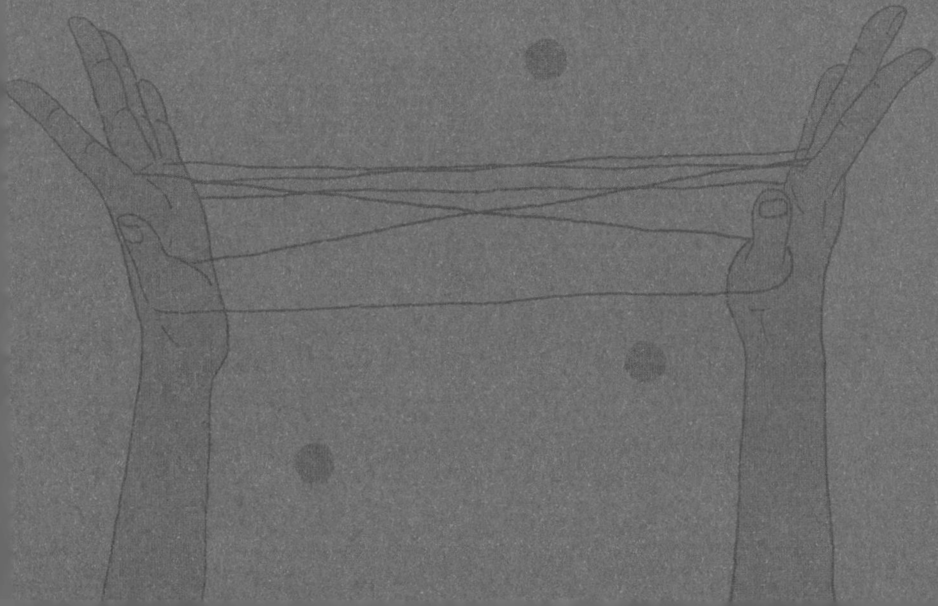

부끄러웠고 내 말과 행동이
후회되었다.

아이들과 무언가를 주고받을 때 교사의 마음은

샌프란시스코의 그레이하운드 터미널에 이런 벽보가 있다.

"십대들에게: 모르는 사람과 이야기하지 말 것."

벽보의 목적은 집을 나온 십대들을 노리는 대도시의 위험을 경고하는 데 있었다. 한 예로 포주들이 버스터미널에서 외롭고 겁에 질린 십대들에게 접근해서 계산된 따뜻함으로 음식과 지낼 곳, 그리고 경우에 따라서는 마약까지 제공한다. 그러나 머지않아 그들은 자신들을 위해 성매매를 하도록 십대들을 옭아맨다.

나는 인간들이 얼마나 약탈적인 모습으로 변했는가를 보여 주는 이 경고문을 보면서 착잡한 마음으로 대기실에 들어갔다. 그곳에는 나이 든 이주 농장노동자처럼 보이는 남자가 있었다. 그의 무릎에 오렌지 하나가 있었다. 누런 종이봉투에 싸온 점심인 것 같았다. 한 아이가 대기실 건너편에서 오

> 렌지를 쳐다보고 있었다. 아이의 눈길을 의식한 그가 아이에게 다가갔다. 그는 아이에게 오렌지를 주어도 괜찮겠냐고 엄마에게 몸짓으로 물었다. 엄마가 미소를 지어 보이자 오렌지를 두 손으로 받쳐 들고는 입을 맞춘 다음 아이에게 주었다.
>
> 그 사람은 얼굴에 미소를 띠었고 감사한다는 말을 듣고 흡족해하는 것 같았다. 나는 그에게 "아이에게 주기 전에 그 오렌지에 입 맞추는 모습이 마음에 와 닿았습니다."라고 말했다. 내 말에 대답하기 전에 잠시 진지한 표정으로 말없이 있던 그가 드디어 입을 열었다. "내가 65년을 살아오면서 배운 것이 한 가지 있다면, 그건 가슴에서 우러나올 때만 주라는 것입니다."

비폭력대화 첫 워크숍에서 마셜의 '오렌지 이야기'를 읽었다. 나는 글을 읽고, '이수 노동자가 오렌지를 준 게 그렇게 대단한가? 이런 게 무슨 의미가 있나?'라며 속으로 비아냥댔다.

어느 날 문득 '오렌지 이야기'에 무슨 의미가 있을 거라 생각하며, 어느 연습 모임에서 이 글을 읽었다. 같은 글이었지만 전과는 다르게 느껴지는 부분이 있었다. 이주 노동자라는 상황과 자신이 먹을 점심이라는 것, 오렌지를 아이에게 주어도 좋은지 아이 어머니에게 물어본 점, 오렌지에 입을 맞추며 아이에게 머문 눈길…. 그 글을 천천히 음미하면서 연민, 배려, 사랑, 따뜻함, 존중 등의 욕구가 느껴져 뭉클함이 전해졌다.

나는 그 뒤로 '오렌지 이야기'를 좋아하게 되었다. 그 상황에 대해 마셜이 하고 싶은 말을 좀 더 이해하고 싶고 마음 속으로 좀 더 머물고 싶었다. 자연스럽게 내가 진행하는 비폭력대화 워크숍이나 연습 모임에서 즐겨 읽게 되었다. 어느 워크숍에서 '오렌지 이야기'를 읽다가 한 아이가 떠올랐다.

발령 3년 차, 6학년을 맡았다. 그 학교는 형편이 넉넉하지 않아서 교육 지원을 받는 아이들이 많았다. 이전 학교와 비교가 되었고, 상대적으로 열악한 환경에 놀랍고 안타까웠다. 그곳에서 한 학기를 보내고, 2학기를 시작하는 9월 한 아이가 학교를 나오지 않았다.

"혹시 오다가 병훈이 못 봤니?"

"못 봤는데요."

나는 걱정이 되어 아이의 집에 전화를 했다. 당시 아이의 아버지가 교도소에 있어서 새어머니에게 연락을 했다. 통화를 하며 허탈하고 안타까웠다. 함께 사는 건 새어머니가 아니고 어릴 때 병훈이 아버지를 돌봐 준 고모였다. 나는 다시 병훈이 고모할머니에게 전화를 했다.

"여보세요? 혹시 병훈이 고모할머니 전화 맞나요? 병훈이가 학교를 안 왔는데…. 혹시 병훈이 어디 아픕니까?"

"아닌데요. 병훈이 지금 학교 갔는데요."

순간 정적이 흘렀고, 나는 고모할머니에게 아이를 찾아봐 달라고 했다. 전화를 끊고 옆반 선생님께 반 아이들을 부탁하고 교무실로 내려갔다. 교무실에 도착해 상황을 전하니 다른 반에도 오지 않은 친구가 있었다. 알아 보니 그 아이는 병훈이와 친하게 지내던 4학년 남학생이었다.

병훈이는 장애 학생으로, 특수학급 대상자였다. 또래보다 말이 느리고 판단 능력이 떨어져 도움반 선생님의 도움을 받고 있었다. 그래서인지 주로 또래보다 나이 어린 동생과 어울려 놀기를 좋아했다. 그날 오후 아이들 실종신고를 했다는 소식을 들었다. 나는 학교 인근 공장과 주택, 상가 등을 늦은 밤까지 찾아다녔다.

아침에 출근하자마자 확인했지만 아이는 아직 오지 않은 상태였다. 나는 학교에 양해를 구하고 아이를 찾으러 나가야겠다고 했다. 학교 인근을 다시 찾으러 나섰다. 한참을 헤매다 문득 마트의 시식 코너가 떠올랐다.

'집 나가서 배고픈데 뭐라도 먹으려면…?'

인근 마트로 가서 둘러보는데, 저 멀리 시식 코너 주변에 학교 체육복을 입은 꼬질꼬질한 아이 둘이 보였다. 나는 아이들 곁으로 가서 말했다.

"야~ 너희들 여기에서 뭐해? 어른들 다 걱정시키고…. 어이?"

나를 본 아이들 얼굴에 놀람과 반가움, 그리고 혼날까 봐 걱정하는 마음이 스쳐지나갔다. 그 얼굴을 보고 순간 미안해져서 꾸중하려는 마음을 멈추고 인근 중국집에 데려가서 짜장면과 탕수육을 먹였다. 아이들은 언제 주눅 들었었나 싶게 짜장면을 먹고 기분이 좋아져 신나게 무용담을 털어놓았다. 게임하고 싶은 마음에 PC방에서 다른 사람이 하는 화면을 구경하다 밤이 늦었다고 했다. 두 아이 모두 가정 형편이 어려워 용돈이 없었을 것이다. 늦은 밤에 집에 들어가면 혼날 것 같아서 놀이터 미끄럼틀 밑에서 안고 잤는데, 일어나 보니 배가 고파서 마트로 갔다고 했다. 집이나 학교를 가면 더 혼날까 봐 가지 말자고 했단다. 입에 짜장면을 묻히면서 간밤의 이야기를 하는 녀석들을 보며 나는 속으로 웃기기도, 안타깝기도, 괜스레 고마운 마음도 들었다.

아이들을 학교에 데려와 보호자에게 아이들을 돌려보냈다. 그러고 며칠 뒤 병훈이 고모할머니와 상담을 했다. 병훈이에게 지원되어야 할 수당이 보육을 하고 있지 않은 새어머니에게 가고 있다고 했다. 나는 고모할머니에게 행정적 절차를 밟는 것을 도와드릴 테니, 지원수당을 신청하자고 했다. 병훈이 고모할머니는 그게 가능하겠냐고 걱정했다. 그 뒤로 나는 당시 동사무소 담당자와 의논하고 여러 차례 통화를 하며, 행정 서류를 정리해서 대신 전달했다.

시간이 지나 병훈이가 복지지원비를 받게 되었다는 소식을 들었다. 얼마 뒤에 병훈이 고모할머니가 소꼬리를 들고 교실로 찾아왔다. 나는 놀라서 손사래를 쳤다. "제가 하고 싶어서 한 건데…. 당연히 받으실 거 도움드린 건데 안 주셔도 됩니다. 죄송하지만 받은 걸로 할 테니까 집에 가셔서 병훈이랑 같이 드세요." 하고 거절하고 돌려보냈다.

다음 날 오후에 고모할머니가 다시 찾아왔다. 손에는 밤새 고았을 소꼬리 곰탕이 찜통 한가득 들려 있었다. 고모할머니는 눈시울을 붉히면서 "너무 고마워서 드리고 싶어요. 그냥 받아 주세요."라고 말했다. 나도 함께 뭉클해져서 감사한 마음으로 받겠다고 했다. 그날 집으로 돌아오는 손과 마음이 너무 따뜻했다.

그 뒤로 병훈이는 졸업을 했고 다음 해 나는 1학년 담임으로 배정받아 생활했다. 내 교직 생활에서 부모 민원과 수업 방해 학생들로 가장 힘든 한해였다. 나는 부족한 자신을 자책하다 부모와 학생을 원망하며 우울증을 겪었다. 나는 학교에 출근하기도 힘들고 밤에 잠도 이루지 못했다. 몸과 마음을 돌보기보다 힘든 생각과 감정에서 벗어나려고 술과 담배에 찌들어 지냈다.

어느 날, 교실 뒷문에서 누군가 서성이고 있었다. 병훈이었다. 오랜만에 보는 병훈이가 반가워서 웃으며 인사를 건넸다.

"웬일이야? 병훈이 잘 지냈나?"

우리는 복도에 잠시 서서 어색하지만 반갑게 인사를 나눴다. 병훈이는 잠시 머뭇거리더니 꼬깃꼬깃 싼 하얀 종이를 꺼내 주면서 "선생님, 고맙습니다."라고 했다. 종이를 펼치니 "고맙습니다. 선생님."이라는 글씨와 함께 1,000원짜리 지폐 한 장이 눈에 들어왔다.

나는 순간 가슴이 뭉클해져, "네가 돈이 어디 있어서. 쌤은 편지만 받으면 된다."라고 했다. 녀석은 한사코 받아 달라고 했고, 나는 "그럼, 고맙게 받을게."라고 했다. 그제야 병훈이가 환하게 웃었다. 어두웠던 내 마음도 함께 밝아졌다.

비폭력대화를 배우기 전의 나는 병훈이가 전해 준 1,000원과 고모할머니가 준 꼬리곰탕의 무게를 가볍고 당연하게 받아들였다. 그것을 떠올리면 아쉽고 부끄럽다. 그나마 비폭력대화를 배우며 소중한 마음을 나누는 순간을 알아차리게 되었다. 병훈이와 고모할머니가 전해 준 1,000원과 곰탕은 지금 이주노동자의 오렌지와 같은 의미로 나에게 살아있다. 주고받는 것이 무엇인가가 중요한 것이 아니고, 얼마인지도 중요하지 않다. 어려운 여건에서도 상대가 마음에서 우러나서 주었다는 것이 소중하게 느껴진다.

그러나 바쁜 일상 속에서 주고받는 마음을 서로 느끼며 살아가는 것은 쉽지 않다. 왜냐하면 무언가를 주고받을 때 의무감에서 주거나 대가를 기대하며 받는 자칼 방식을 경험하며 살아왔기 때문이다. 자칼 방식에 익숙해지면 가슴에서 우러나 주고받는 것을 점차 잊게 된다.

습관적으로 무언가를 주고받는 것이 아니라 가슴에서 우러나 서로 주고받는 것으로 전환하려면 어떻게 하면 좋을까? 마셜은 비폭력대화의 핵심을 '가슴에서 우러나서 주기'라고 했다. 비폭력대화는 대화에서 그치는 것이 아니다. 말의 변화를 통해 우리의 의식을 바꾸고 의식이 행동을 바꾸는 것을 돕는다. 그래서 마셜은 "우리가 가슴에서 우러나와 줄 때에는 다른 사람의 삶에 기여할 때마다 느끼는 기쁨에서 그러는 것이다. 이렇게 주는 것은 주는 사람이나 받는 사람 모두에게 유익하다."라고 했다. 살아가면서 누군가에게 가슴에서 우러나와 주는 기쁨을 느낀다면 받는 사람도 함께 그 기쁨을 느낀다. 비폭력대화의 구체적인 대화법을 통해 말과 의식이 바뀐다면 우리 안에 연민이 자연스럽게 생길 것이다.

나의 언어 습관 알아차리기

우리는 각자의 관점과 기대로 어떤 상황을 바라본다. 그런 관점으로 평가하기, 비교하기, 책임을 부인하기, 당연시하기, 강요하기를 하면서 대화한다. 비폭력대화를 만든 마셜은 그런 말들을 '삶을 소외시키는 대화(자칼말)'라고 불렀다. 이런 대화를 하면 할수록 우리의 본성인 연민으로부터 멀어지고, 자신과 단절되고, 상대와도 단절을 경험하게 된다. 자칼말은 누가 옳고 그른지에 관심을 두고 책임을 부인하며 비교와 강요를 통해 우리 안에 흐르는 연민을 방해한다.

새로운 장소에서 처음 보는 사람을 만나면 선입견이 없어서 상대를 조심스레 살피며 대화를 이어간다. 또한 나에 대해 잘 모르는 모임에 나가면 오히려 마음이 편안하고 대화가 더 잘 된다. 그런데 가족은 어떨까? 오래 알고 지낸 사람일수록 상대에 대한 선입견과 경험이 있어

대화에 방해가 된다. 또한 상대의 느낌 욕구에 주의를 두려고 해도, 나도 모르게 상대와 나누던 과거의 대화 방식으로 돌아가곤 한다. 말에는 관성이 있다. 처음 어떤 말을 할 때는 어색지만 반복하면 할수록 입에서 반사적으로 나온다. 그래서 교실이라는 공간에서 비슷한 또래 아이들을 만나다 보면 말투와 행동, 표정에서 상대를 평가하고 분석하며 이미지화하려 한다.

3월 초, 교과 수업이라 아이들과 함께 복도를 이동하고 있었다. 중간쯤 가고 있는데 한 아이가 보이지 않았다. 첫날부터 유독 잘 웃고 장난치기를 좋아하는 아이였다. 덩치가 커서 그런지 뒤를 돌아본 순간 그 아이가 보이지 않는다는 것을 금세 알았다.

나는 아이들에게 무섭게 보이고 싶어서 낮은 목소리로 "동원이는 어디 있니?"라고 물었다. 아이들은 긴장한 얼굴로 가만히 있었고, 뒤편에서 누군가 "아까 보였는데 지금 안 보여요."라고 했다. 그 말을 듣는 순간 나는 보이지 않는 그 아이를 평가하고 있었다. 화도 내고 있었다.

'올해도 문제아가 있구나. 애들이 보고 있는데 혼내야겠다. 나를 우습게 봤어.'

몇 분 뒤, 나는 그 아이를 찾으러 교실로 되돌아갔다. 멀리서 아이가 보였다. 나는 성난 목소리로 "너 여기서 지금 뭐하고 있어? 다른 친구들은 지금 수업받으러 가고 있잖아. 왜 맘대로 안 따라오고 딴짓하고 있는 거야!"라며 크게 소리를 쳤다. 아이는 죄송하다면서 작은 목소리로 "걷는 게 잘 안 돼요."라고 말했다. 순간 나는 너무 놀라고 당황했다.

다시 보니 아이의 걸음걸이가 달랐다. 어딘가 모르게 불편하게 절뚝거리며 걷는데, 장난 같으면서도 이상했다.

나는 아이들을 교과 수업에 보내고, 학기초에 받았던 학생 명부에 있는 특이사항을 다시 살펴보았다. 그런데 아무것도 없었다. 당황스럽고 멍했다. 나는 아이 어머니에게 전화를 해서 무슨 일인지 물어보았다. 통화를 마친 나는 너무 마음이 아프고 아이에게 미안했다. 아이는 근육이 서서히 마비되어 가는 희귀난치병을 앓고 있었다. 작년 말부터 병세가 심해져 걷는 게 어렵다고 했다. '왜 몰랐을까. 왜 몰랐을까…'라는 생각이 머리를 맴돌고 자책하는 마음이 들어 괴로웠다.

나는 그날 오후 조심스레 그 아이 옆에 다가가 사과했다. 얼마 뒤 그 아이가 특수학급 선생님의 도움과 학교의 지원으로 학교에 편하게 다니도록 했다. 하지만 지금 생각해도 그때 그 아이에게 미안한 마음이 가시지 않는다. 아이는 내게 가르침을 주었다. 누군가의 한 장면만을 보고 그를 평가하는 습관이 누군가와 가슴으로 연결할 때 얼마나 방해가 되는지를….

우리는 누군가의 말과 행동을 볼 때 자동으로 평가한다. 습관적으로 일어나는 평가를 모른 채 살기도 하지만 설령 알더라도 차츰 바꾸기를 포기한다. 왜냐하면 그렇게 살아도 크게 불편함이 없고 지금까지 잘 살아왔기 때문이다. 하지만 조금이라도 스스로 바뀌고 싶고, 그사람들과 더불어 따뜻한 연민으로 살아가길 바란다면 내 말과 행동을 돌아보자.

나의 말을 돌아볼 때는 '천천히 하는 것'이 중요하다. 천천히 한다는 것은 의식하고 주의를 둔다는 것이다. 호흡하면서 내가 오늘 어떤 말을 했는지 떠올려 보자. 많은 말을 했지만 기억나지 않을 수도 있다. 처음에는 기억나는 만큼, 쓰고 싶은 만큼 적어 보자. 평소 내가 불편한 감정을 느꼈던 누군가를 떠올린다면 쓰는 데 도움이 될 수 있다. 그 사람을 떠올리면 어떤 평가가 떠오르는가? 상대에게 뭐라고 말하고 싶은가? 떠올리기 싫고, 인정하기 싫더라도 있는 그대로 그 생각을 물끄러미 바라보자. 단지 내 머릿속에서 일어나는 생각일 뿐이다.

그 상황이나 생각을 떠올릴 때 만족스러울 수도 있고 어쩌면 실망스럽거나 후회할 수도 있다. '아니야. 이렇게 생각하는 건 잘못되었어. 내가 이렇게 나쁘게 말하면 안 되지.'라고 생각하는 순간 있는 그대로의 나 자신을 만나기 어렵다. 과거의 내 모습이 어떻든 그대로의 나를 알아주자. 어쩌면 습관적으로 쓰는 말이 떠오르지 않을 수 있다. 왜냐하면 습관적으로 쓰는 말은 무의식에서 작동하기 때문에 의식을 하면 오히려 찾기가 어렵다. 그래도 시간을 두고 천천히 찾아보면 내 안의 숨바꼭질하던 습관적인 말들을 찾을 수 있다. 습관적인 말을 자칼이라고 한다. 그런 자칼을 만나면 숨어있던 친구를 발견하는 것처럼 반갑게 환영해 보자. 그렇게 자칼과 즐겁게 놀다 보면 어느새 기린이 옆에 와서 지켜보고 있을 것이다.

밝은 성격에, 미소가 예쁜 지민이라는 아이가 있었다. 3월 첫날부터 지민이는 매일 아침 나에게 와서 반갑게 인사를 했다. 다음 날 아침 자습시간에는 자신이 겪은 일상을 시시콜콜 이야기했다. 지민이는 또래와 지내기에 어려움이 있어 보였다. 그래서 누군가 대화할 상대가 필요했고 그것이 나였다. 지민이의 어려운 사정을 이해하면서도 좀처럼 그칠 줄 모르는 말에 나의 애정은 점차 지쳐갔다.

너무 바쁜 아침, 그날도 지민이가 내 옆에서 말을 하고 있었다. 나는 '그만 좀 얘기해라. 나도 좀 살자.'라며 끓어오르는 짜증을 누르며, "선생님이 지금은 좀 바쁘구나. 나중에 이야기하자."라고 했다. 시간이 지날수록 그 아이는 귀찮고 성가신 존재가 되었다. 나중에는 그 친구가 주변에 와서 "선생님." 하고 말하는 순간 예전 기억이 떠올라서 '아! 또 시작이구나'라는 생각이 들었다.

어느 날 지민이가 책상에 엎드려 울고 있었다. 나는 아이에 대한 걱정보다 부담이 들었다. 이전에도 지민이가 울고 나에게 이야기한 경험이 여러 번 있어서, '또 쓸데없는 걸로 혼자 자극받아서 들어 달라는 거군.', '아, 이 아이는 너무 나를 힘들게 해.'라고 생각했다. 하지만 그 순간 내가 아이에 대해 좋지 않게 평가하고 있다는 것을 알아차렸다. 나는 호흡을 하고 내가 그렇다는 점을 인정하기로 마음먹었다.

'내가 저 아이와 겪었던 일이 좀 힘들었구나. 오죽 말이 많아야지. 그래도 저렇게 우는데 들어 주는 것이 좋을 것 같아. 그래, 지금은 어차피 얘기를 들어 주는 것이 필요해. 기왕이면 일단 내 생각을 내려놓고 어떤 일인지 들어나 보자.'

나는 아이에게 다가가 말을 걸었다

"지민아, 울고 있는 것 같은데 혹시 무슨 일 있었어?"

"네. 선생님, 애들이 저보고 '짝지'라고 놀렸어요."

"짝지?, 그게 왜? 귀엽고 듣기 좋은데…."

나는 그 순간 내 말에 습관적인 평가가 섞여 있다는 것을 알아차렸다. 잠시 호흡하면서, 아이의 말에 주의를 두었다.

"아니에요. 그런 게 아니에요."

"그랬구나, 힘들어? 그럼 선생님한테 왜 속상한지 얘기해 줄래?"

"있잖아요. 옆 반에 이름이 똑같은 지민이가 있거든요. 2학년 때도 그랬는데요. 애들이 걔랑 저를 비교했어요. 저보고 키가 작다고 작은 지민이를 줄여서 '짝지'라고 했고, 옆 반 그 친구한테는 '큰지'라고 했단 말이에요."

나는 그제야 지민이가 외모로 인해 다른 사람과 비교되었다는 것을 이해했다. 실제로 지민이는 또래보다 유독 키가 작아서 학기초부터 고민이 많았다. 나는 천천히 아이의 느낌과 욕구에 주의를 두어 물어보았다.

"'짝지'라는 말을 들었을 때, 속상했다는 말이지?"

"네."

"너의 모습 그대로 다른 아이들에게 인정하고 존중받고 싶어?"

대화를 하다가 지민이가 부탁이 있다고 했다. 지민이는 그간 키나 외모로 인해 생긴 별명으로 힘들었다는 것을 이해받고 싶다고 했고, 앞으로는 친구들에게 '짝지'라고 불리지 않았으면 좋겠다고 했다. 지민이는 아이들 앞에서 자신의 이야기를 했고, 몇몇 아이들은 지민이에게 미안하다고 사과했다. 아이들은 지민이의 부탁대로 이름 그대로를 불러 주기로 했다.

인도의 사상가이자 철학자인 크리슈나무르티는 "관찰은 인간 지성의 최고의 형태이다."라고 했다. 그만큼 우리는 각자의 관점과 틀로 세상을 바라보고 인식하기 때문에, 있는 그대로 세상을 바라보기 어렵다. 서로 다른 존재로, 서로에 대한 차이가 있을 수 있고 그 차이를 이해하는 것이 필요하다. 그러한 차이를 인정하면 말이 달라지고, 말이 달라지면 우리의 인식과 삶이 변화할 수 있다. 지금 내가 서 있는 곳과 상대가 서는 곳이 다르듯, 내가 보는 것이 상대와 다름을 인정하는 것에서 비폭력대화가 시작된다.

상대를 고치려는 의도 내려놓기

교사는 아이들에게 자극과 성장을 도우면서 직업적 소명과 책임을 갖는다. 내가 가르치는 아이가 잘 성장하길 바라지 않는 교사가 어디 있을까? 다들 그런 마음으로 무엇을 좀 바꾸면 더 좋을 텐데, 이렇게 조금만 더 배우면 미래에 도움이 될 거라는 마음으로 가르친다. 이런 마음은 교사에게 필요하지만, 때로는 그런 마음이 너무 앞서거나 크면 아이 입장에서 부담과 불편함을 느낄 수 있다. 만약 누군가 당신의 모습이 부족하다고 생각하고 계속 무언가를 하라고 한다면 어떤 감정이 들까? 아마 우리 자신의 의지와 상관없이 특정한 방식으로 고치려 할 때 저항감이 들 것이다. 그래서 교사의 역할을 분명히 할 필요가 있다.

"교사는 아이를 자신이 원하는 대로 바꾸는 것인가? 아니면 상대의 성장과 배움을 돕는 역할인가?"

교대생을 대상으로 강의했을 때 "교사로서 아이를 바꿀 수 있다고 생각하는 분 계세요?"라고 물었다. 강의장에 있던 대부분의 학생들이 손을 들었다. 나 역시도 10년 차가 될 때까지 그럴 수 있다고 믿었고 그것을 사명으로 여겼다. 지금도 그런 생각이 들 때가 있지만, 교사의 역할에 대해 전보다 많은 부분을 내려놓으려고 애쓰고 있다. 왜냐하면 상대가 바뀌고 안 바뀌는가는 나의 선택이 아니라 상대의 선택이기 때문이라는 것을 아이들을 가르치면서 배웠기 때문이다.

'나는 아이들을 바꿀 수 있다.'라는 생각은 교실에서 위험하다. 그런 자신감으로 상대를 바꾸려고 한다면 이 책에서 말하는 이야기가 도움이 되지 않고 오히려 좌절을 경험하게 할 가능성이 크다.

처음 비폭력대화를 배우고 난 후였다. 비폭력대화로 말하고 듣는 방법을 배웠다는 사실에 너무 기쁘고 반가워서 주변 사람들에게 얼마나 좋은지 소개하고 다녔다. 아내에게도 비폭력대화에 대한 것들을 한동안 이야기했다.

어느 날, 거실에서 첫째 아이와 둘째 아이가 장난감을 두고 다투고 있었다. 나는 처음에 비폭력대화로 말하려 했지만 잘되지 않았다. 나는 어느새 예전에 말하던 습관으로 돌아가 아이들에게 잔소리와 가르침을 표현했다. 내 잔소리를 말없이 지켜보던 아내가 곁으로 와서 조용히 말했다.

"당신은 다른 사람이 당신 말을 듣게 하려고 비폭력대화를 배웠어? 아니면 당신이 다른 사람의 말을 잘 듣고 싶어서 배운 거야?"

나는 순간 얼어붙어서 멍하니 있었다. 너무 부끄러웠고 내 말과 행동이 후회되었다. 여태껏 말로만 비폭력대화를 자랑하고 다녔던 모습이 떠올라 괴로웠다. 잠시 뒤 아내 덕분에 내가 알아차리지 못했던 중요한 의미를 깨달을 수 있었다. 나는 지금도 나의 말 습관으로부터 자유롭지 못하고 그렇게 지낼 때가 자주 있다. 그럴 때마다 아내가 나에게 던져 준 질문을 떠올리며 의도를 기억하려 한다.

– 당신은 비폭력대화를 왜 하고 있는가?

– 당신 주변과 어떻게 지내고 싶은가?

– 당신의 삶을 어떻게 살고 싶은가?

누군가를 바꿀 수 없음을 의식하고도 실천하는 것은 어렵다. 그러나 어렵다는 것을 인정하면 가벼워지고, 담담하게 할 수 있는 만큼 최선을 다하면 된다. 결과는 열어 두고 정성을 다하면 나를 자책하거나 아이를 탓하는 마음에서 자유로워진다. 교사로서 결과를 열어두고 담담하게 최선을 다한다는 것은 너무도 어려운 일이다.

다음은 수학을 어려워하는 아이들을 지도하며 겪은 일이다.

초등학교 3학년 성민이는 학습에 도통 관심이 없었다. 10분 전에 알려 준 내용을 다시 물어봐도 "몰라요."라고 대답했다. 나는 수업을 하면서 종종 화를 냈고 "집중하고 열심히 하면 할 수 있어!"라고 아이를 다그쳤다. 오후에 남겨 공부를 가르쳤는데 구구단을 외우는 데 한 학기가 걸렸다. 2학기가 되었는데 다시 구구단을 외워서 소리를 치면서 아이를 탓했다.

학기말(당시에는 학기말 시험이 있었다.) 시험 날이 왔다. 나의 온 신경이 성민이의 수학 시험지에 가 있었다. 시험지를 돌리고 성민이가 어떻게 하는지 지켜보고 있는데 아니 이 녀석이 잠을 자는 것 아닌가. 나는 화가 머리끝까지 나서 크게 화를 내며 아이를 깨웠다. 다행히 시험을 쳤고 성적은 부진을 겨우 면하는 수준이었다. 결과는 내 뜻대로 되었지만, 마음 한편에 찝찝하고 불편한 느낌이 더 컸다.

다음 해 학교를 옮기고 4학년 윤우를 만났다. 나는 욕심을 조금 내려놓고 해보자는 마음이 들었다. 윤우는 공부하려는 의지도 있고, 내가 가르치는 것을 수용적인 태도로 받아들였다. 수업 중에 어려운 게 있으면 조심스레 물어보기도 해서 시간을 내서 따로 가르쳐 주었다. 그렇지만 여전히 수학을 어려워했다.

몇 년이 지난 후 윤우가 스승의 날이라고 편지를 보냈다. 편지를 읽으며 마음이 많이 아팠다. 편지의 한 부분이 눈에 들어왔다. "선생님, 힘들게 저 공부 가르쳐 주셨는데, 시간 낭비하게 해서 죄송해요."라고 했다. 그 말을 듣는 순간 잠시 멍해졌고, 내가 아이에게 힘든 시간을 주었다는 자책이 올라왔다.

나는 내가 했던 방식을 다시 돌아보았다. 참는다고 했지만 무심코 화내고 다그치는 모습이 떠올랐다. 윤우에게 미안했다. 성민이도 생각났고, 앞으로 어떻게 아이들을 대해야 할지 막막했다.

몇 년 뒤에 수빈이를 만났다. 수빈이에게는 욕심을 내지 말아야겠다고 다짐했다. 수업 중에 수빈이가 모른다고 하는 문제나 내용이 많았다. 그럴 때면, 가만히 "그래, 그럴 수 있다. 있다가 선생님과 함께 해보자."라고 했다. 나는 수빈이에게 편안하고 이해받는 공부 시간이 되도록 하자고 마음먹었다. 수빈이는 문제 푸는 시간도 오래 걸렸고 잘 이해하지 못하는 것들도 많았다. 그럴 때면 수빈이가 괜스레 풀이 죽을까 걱정되어 말을 건넸다.

"수빈아, 실은 비밀인데… 선생님도 모르는 게 많아. 그리고 살아보니깐 몰라도 사는 데 지장 없더라. 길을 지나가는 아저씨, 아줌마, 할아버지, 할머니도 이거 모르지만 행복하게 잘 살아. 세상 살면서 모두 알아야 할 필요는 없어. 오늘 배워 보고 알게 되면 좋고, 모르는 거 있으면 나에게 이야기해. 내가 도와줄게. 오늘 모르면 내일 또 하면 되잖아."

내 말에 미소 짓던 수빈이가 지금도 기억한다. 나는 수빈이의 환한 미소를 보며 성민이와 윤우에게 미안했던 시간이 떠올랐다.

교사로서 누군가를 가르쳤을 때 잘하지 못하는 것을 받아들이기 어려울 때가 있다. 교사가 공부를 잘했던 경우라면 이해하기가 훨씬 더 어려울 수도 있다. 그러나 우리에게 배우는 학생들은 개개인의 특성이 다르고, 잘하는 것과 못하는 것이 있다. 하고 싶지 않은 영역도 있다.

예전 어떤 선생님께 수학 관련 연수를 들었다. 연수 내용이 맘에 쏙 들어서 그 선생님께 "이런 내용을 아이들이 모두 알면 얼마나 좋을까요? 다들 더 멋지게 성장할 텐데…"라고 했다. 선생님은 내 얘기를 듣고 잠시 침묵한 뒤 천천히 말했다.

"모두가 같은 모습으로 성장할 필요는 없어요. 우리 모두가 함지박이 될 필요가 없어요. 함지박은 함지박대로, 간장 종지는 간장 종지로 의미가 있어요. 함지박이 간장 종지처럼 될 필요도 없고, 간장 종지가 함지박처럼 될 필요가 없어요. 자기 모습대로 살면 되니까요."

나는 그 말을 듣고 내가 욕심을 부렸다는 생각에 부끄러웠고, 그나마 앞으로 만날 아이들은 있는 그대로 봐줄 수 있어 다행이다 싶었다.

마셜은 "나는 많은 사람이 자기가 특별한 존재라는 사실을 잊어가고 있는 것을 크게 걱정하고 있다. 우리가 특별한 존재임을 기억하자."라고 했다.

학교는 자신이 무엇을 좋아하고, 무엇을 할 때 행복한지, 어떤 것을 잘하는지 등 자신을 이해하는 공간이 되어야 한다. 그곳에서 함께 하는 교사는 학생에게 도움을 주는 사람이다. 스스로의 길을 찾을지는 모르지만, 모를 때는 함께 기다려 주고 격려하며, 때로는 잘못된 길을 간다면 알려 주기도 하고….

어릴 때는 나보다 중요한 사람이 없고,

나이 들면 나만큼 대단한 사람이 없으며,

늙고 나면 나보다 더 못한 사람이 없다.

돈에 맞춰 일하면 직업이고, 돈을 넘어 일하면 소명이다.

직업으로 일하면 월급을 받고, 소명으로 일하면 선물을 받는다.

칭찬에 익숙하면 비난에 마음이 흔들리고,

대접에 익숙하면 푸대접에 마음이 상한다.

문제는 익숙해져서 길들여진 내 마음이다.

집은 좁아도 같이 살 수 있지만, 사람 속이 좁으면 같이 못 산다.

내 힘으로 할 수 없는 일에 도전하지 않으면,

내 힘으로 갈 수 없는 곳에 이를 수 없다.

사실 나를 넘어서야 이곳을 떠나고, 나를 이겨내야 그곳에 이른다.

갈 만큼 갔다고 생각하는 곳에서 얼마나 더 갈 수 있는지 아무도 모르고,

참을 만큼 참았다고 생각하는 곳에서 얼마나 더 참을 수 있는지 누구도 모른다.

지옥을 만드는 방법은 간단하다.

가까이 있는 사람을 미워하면 된다.

천국을 만드는 방법도 간단하다.

가까이 있는 사람을 사랑하면 된다.

모든 것이 다 가까이에서 시작된다.

상처를 받을 것인지 말 것인지 내가 결정한다.
또 상처를 키울 것인지 말 것인지도 내가 결정한다.
그 사람 행동은 어쩔 수 없지만 반응은 언제나 내 몫이다.

산고를 겪어야 새 생명이 태어나고,
꽃샘추위를 겪어야 봄이 오며,
어둠이 지나야 새벽이 온다.

거칠게 말할수록 거칠어지고,
음란하게 말할수록 음란해지며,
사납게 말할수록 사나워진다.

결국 모든 것이 나로부터 시작되는 것이다.
나를 다스려야 뜻을 이룬다.
모든 것은 내 자신에 달려 있다

– 백범 김구

교사의 말과 행동의 중요성

"**교사가** 교실에서 바꿀 수 있는 것은 무엇일까?"

이 질문에 아이들의 말과 행동이 바뀌면 좋겠다는 대답이 떠오를 것이다. 하지만 실제 바꿀 수 있는 것은 자기밖에 없다. 아이들을 둘러싼 환경과 교사 자신의 말과 행동을 바꿀 수 있다. 그중에서도 '교사의 언어'야말로 아이들의 변화를 일으킬 수 있는 중요한 수단이다.

교사는 학교에서 다양한 역할을 소화한다. 수업을 진행하고, 아이들과 생활하고, 학교 업무, 학교행사 등을 담당한다. 동시에 여러 일을 처리해야 하는 경우도 많기 때문에 습관적으로 말하고 듣게 된다. 이런 습관적인 말과 행동은 아이들에게도 영향을 미친다. 아이들은 마치 백지와 같아서 어른들의 말과 행동을 보고 배우며 따라한다.

코로나로 인해 가족들이 모두 집에서 지낼 때, 유치원 다니는 둘째 아이가 실수로 그릇을 깨뜨렸다. 아이는 놀란 표정과 혹시나 혼날까 봐 겁에 질린 표정이었다. 나는 다가가 "괜찮아? 안 다쳤어? 그럴 수 있어. 그릇 깨질 수도 있지. 다음부터 조심하면 돼. 네 잘못이 아니야."라고 했다. 그 뒤 몇 주가 흘렀고, 이번에는 내가 그릇을 치우다가 깨뜨렸다. 둘째 딸이 그 모습을 지켜보았다. 아이는 잠시 생각하더니, "아빠, 괜찮아? 그럴 수도 있지. 안 다쳤어?"라고 말했다. 순간 아이가 한 말이 내가 했던 말이었다는 것을 깨닫고 말을 더 조심하게 되었다.

교실에서 어떤 아이는 화가 날 때 욕설을 하고 물건을 던지지만, 어떤 아이는 "속상해요", "힘들어요."라며 자기 마음을 표현한다. 그래서 부모와 교사는 아이들 앞에서 함부로 말과 행동을 하면 안 된다. 그 말과 행동을 보고 들은 아이들이 그것을 따라할 가능성이 크기 때문이다. 그 말과 행동을 따라 한다는 것은 그 사람의 관점을 따르는 일이다. 교사의 말과 행동이 교사 자신과 아이, 그리고 반 전체에 어떤 영향을 미치는지 다음 사례를 살펴보자.

정빈이라는 아이가 있었다. 수업 중 옆에 친구와 이야기를 하다 지우개를 던졌다. 속으로 '저 녀석 잘 모르면서 내 수업을 듣지도 않고 장난이나 치다니….' 나는 화가 나서 공개적으로 혼을 냈다.

"정빈아, 나와서 이 문제 풀어 봐."라고 했다.

아이는 난감한 얼굴로 쭈뼛거리며 나와서 "모르겠어요."라고 했다. 나는 화가 나서 더 큰 목소리로 꾸짖었다.

"모르면서 왜 떠들어? 수업 시간에 방해나 하고 말이야. 이런 내용도 모르면서 내년에 어떻게 하려고…"

한참을 그 아이에 대해 잘못을 꼬집고 부족하다는 식으로 지적했다. 그 뒤로도 나는 정빈이를 공개적으로 꾸짖는 것을 멈추지 않았다. 어느 날 몇 명의 아이들이 쉬는 시간에 찾아와서 정빈이와 모둠이 된 것에 대해 불만을 이야기했다.

"선생님, 정빈이는 자꾸 장난만 치고 모둠 할 때 방해해요."

그 이야기를 들은 정빈이가 말했다.

"그러는 너는? 너도 같이 장난쳤잖아."

나는 속으로 이렇게 서로 탓만 하다니 '올해 애들은 문제야.'라고 생각했다. 당시에는 몰랐지만 몇 년이 지난 후에야 내가 아이들을 탓했고, 그런 태도가 아이들에게도 영향을 미쳤다는 것을 깨달았다.

몇 년 뒤 연우라는 아이를 만났다. 연우는 수업 중에 관심 있는 단어가 나오면 자기가 아는 이야기를 하기 좋아했다. 반면에 다른 학생들이 5~10분이면 해내는 과제를 다음 날까지 내지 않았다. 그럴 때면 나는 예전처럼 말하고 행동하고 싶다는 충동이 일어났다.

그날도 수업 중 과제를 주었는데 하지 않고 책에 그림을 그렸다. 순간 화가 나고 당장에라도 혼을 내고 싶은 마음을 꾹 참았다. 한참을 호흡하고 화가 났다는 것을 알아차리니 말과 행동을 다르게 하고 싶은 마음이 들었다. '나는 아이들이 함께 참여하는 것이 중요하고, 아이에게 의미 있는 시간이길 바라는 마음이 있구나.'라는 것에 주의를 두었다.

좀 진정되자 조용히 연우에게 가서 말을 걸었다.

"연우야, 지금 과제를 하지 않는 것으로 보이는데 혹시 어렵니?"

연우는 들릴 듯 말 듯한 작은 목소리로 "네."라고 대답했다.

"그렇구나. 많이 답답했겠네. 그럴 수도 있지. 지겨웠을 텐데 다른 친구들 방해하지 않고 조용히 있어 줘서 고맙다. 선생님 설명 들어보고 모르면 네가 괜찮으면 시간 내서 도와줄게."

"네."

나는 다시 수업을 이어 나갔고, 아이들 모두에게 이런 이야기를 들려주었다.

"사람은 무엇이든 잘할 수 없어요. 어떤 것은 쉽게 잘하지만 어려운 부분도 있습니다. 선생님은 여러분이 어려워하는 걸 도와주려고 있는 사람입니다. 그래서 배우다 모르면 나에게 도움을 요청하면 됩니다. 그래도 모르면 괜찮습니다. 시간이 지나면 알게 되기도 하고 또 몰라도 됩니다. 어른이 되어도 다 문제없이 행복하게 잘 살 겁니다."

이렇게 말하면서 연우의 표정을 살폈는데 다행히도 미소를 짓고 있었다. 교사가 된 이래 지금까지 해마다 수학을 싫어하고 어려워하는 아이들을 만난다. 그럴 때 학기초에 위와 같은 말을 들려준다. 그러면 아이들은 자신들이 도움받는 존재라는 말에 안심하고, 그런 말을 한 나도 스스로 다짐한다. 이후 학급에서는 못한다고 주눅 들거나 또는 그런 친구들을 타박하는 일이 줄어들었다.

선생님의 말 연습

상황: 어떤 아이가 알림장을 가져오지 않았다.

❶ 평가로 말하기
"왜 이렇게 준비성이 없니?"

❷ 비폭력대화로 말하기
"알림장을 안 가져왔구나. 알림장을 대신할 종이를 줄까?"

상황: 한 아이의 책상에 지난 시간 교과서와 안내장이 여러 장 흩어져 있다.

❶ 평가로 말하기
"왜 이렇게 지저분해? 너 정리정돈 안 할래?"

❷ 비폭력대화로 말하기
"여기 선생님이 나눠 준 안내장과 지난 시간 교과서가 있구나. 정리를 하자. 그래야 공부할 때 집중되고 선생님도 신경을 덜 쓸 것 같구나."

아이를 이해력이 부족하고 문제가 있다고 생각하면, 계속해서 그렇게 바라볼 가능성이 크다. 더 큰 문제는 다른 아이들 역시 비슷한 관점으로 그 아이를 대할 가능성이다. 특히 이런 일이 해마다 반복될 때, 교사에게도 좋지 않은 선입견과 학생을 대하는 태도와 방식이 굳어진다.

옛 속담에 "아이 앞에서 찬물도 마음대로 못 마신다."라는 말이 있다. 아이들 앞에서 어떤 상황이 생겼을 때 교사가 어떻게 반응하는가에 따라 아이들도 보고 배운다. 만약 교사가 교실에서 생긴 갈등을 대화로 해결하면, 그것을 본 아이들은 '아! 대화를 통해서 서로 이해할 수 있구나.' 하고 배우게 된다. 만약 아이들을 꾸짖거나 잘잘못을 가려 처벌한다면 '아! 잘못하면 혼나는구나. 누가 더 잘못했는지 기억해 놔야겠다.' 라고 배울 수 있다.

아이들과 바쁘게 지내다 보면 교사 자신의 말과 행동을 아이들이 보고 따라 할 수 있다는 중요한 사실을 잊는다. 그래서 자신의 말과 행동을 의식하고 살피는 노력이 필요하다. 이는 대단히 힘들고, 많은 인내와 시간이 필요하다.

순간마다 습관대로 말하고 행동하고 싶어 하는 자기 자신을 만난다. 특히 여유가 없고 몸과 마음이 힘들 때면 다른 사람의 잘못이 머릿속에 가득 찬다. 그럴 때는 겸허한 마음으로 아이들의 입장을 다시 살피자. '어른인 나는 알고도 이렇게 바꾸는 게 어려운데 아이들은 더 어렵겠구나.' 하고….

말 너머
서로의 마음에

"선생님 이거 꼭 다해야 해요?"

"선생님 ○○이가 자꾸 때려요."

"선생님 수업 재미없어요."

수업을 하다 보면 교사들이 흔히 듣는 말이다. 그럴 때 그냥 그 말에 그대로 반응해서 "너 자꾸 물어보지 말고 하라면 해!", "누가 먼저 때렸어? 선생님이 때리면 안 된다고 했지.", "고마운 줄도 모르고 버릇 없이."라고 말하고 싶어진다. 우리는 대화할 때 상대의 말에 관심을 두고, 그것에 대해 자동으로 반응하는 데 익숙하다.

비폭력대화는 상대의 말 자체에 집중하는 것이 아니라 상대의 마음에 초점을 둔다. 이 대화는 상대가 무슨 말을 할 때 무엇을 보고, 느끼고, 원하는지, 그리고 구체적으로 무엇을 원하는지 듣기 위해 노력한다. 그것을 '공감하며 듣기'라고 한다.

비폭력대화에서 공감이란 다른 사람의 경험을 존중하는 마음으로 이해하는 것이다. 마셜은 공감을 다른 말로 '마음을 비우고 존재 전체로 듣는 것'이라고 했다. 존재로 듣는다는 것은 귀로 듣는 것과 마음으로 듣는 것을 넘어, 상대와 함께하려 할 때 가능하다. 이는 상대의 말을 맞은 편에서 관찰하고 바라보는 것이 아니라 상대가 바라보는 풍경을 함께 바라보고 느끼는 것이다. 그러기 위해서는 내가 앉은 자리(입장)에서 일어나 상대가 있는 곳으로 다가가야 한다. 상대가 어디에 있는지, 어디로 갈지, 언제까지 갈지, 끝이 나는 곳도 모른다. '나는 모른다.'라는 것을 인정하고 상대 곁으로 가보자. 곁에 가서 그 사람이 느끼는 호흡과 느낌을 함께 느끼고, 그 느낌과 그 사람을 있는 그대로 존중하는 태도가 바로 공감이다.

그러나 우리는 공감하며 듣기보다 안심시키려 하거나 조언하고 해결하려 든다. 그렇게 하는 것이 상대에게 도움이 된다고 믿기 때문이다. 마셜이 말하는 공감에서 가장 중요한 요소는 바로 현재에 머물 수 있는 능력, '현존'이다. 공감은 현재에 머물면서 상대와 함께하려는 의도를 내는 것에서부터 출발한다. 아마 상대는 이런저런 이야기를 하며 과거와 미래, 그리고 현재를 왔다 갔다 할 것이다. 어쩌면 과거나 미래의 어느 한 곳에서 빠져나오기 힘들어할 수도 있다. 그럴 때 현재 일어나는 일에 주의를 기울이도록 상대를 돕는 것이 중요하다. 이런 능력을 유지하는 것은 무척이나 어려울 뿐만 아니라, 항상 유지하는 것은 거의 불가능에 가깝다. 그렇지만 이런 능력을 길러 현재에서 상대와 함께하며 그 사람의 마음에 귀 기울인다면 상대는 자신의 눈으로 새롭게 세상을 바라보고 살아갈 힘을 낸다. 비폭력대화는 또 무엇을 중시할까?

"대부분의 공감은 침묵 속에서 이루어진다."

한 초등학교에서 체육을 전담하며 교무실에서 행정 업무를 주로 맡아 하고 있을 때였다. 그때 5학년 학생 중에 ADHD를 진단받은 민욱이라는 아이가 있었다. 민욱이는 화가 나면 주변 친구들에게 욕을 하거나 때리기도 했다. 그래서인지 학교폭력으로 신고되거나, 부모 민원전화가 많았다. 게다가 학기가 지날수록 담임선생님이 병가나 연가로 학교를 안 나오는 날이 종종 있었다.

어느 날 민욱이 반 수업을 갔는데, 민욱이와 3~4명의 아이들이 보이지 않았다.

"얘들아, 지금 애들이 안 보이는데 교실에 무슨 일 있니?"

"지금 애들끼리 놀리다가 치고받고 싸워서 지금 교장선생님이 오셔서 얘기하고 있어요."

나는 이전에도 그런 일이 있었기에 크게 당황하지는 않았지만, 웬일인지 그날따라 신경이 쓰였다. 운동장 가운데서 아이들에게 설명하고 있는데, 저 멀리서 누군가 소리를 지르며 우리 쪽으로 뛰어오고 있었다. 민욱이었다. 민욱이는 수업을 하는 내 옆에 드러누워 가기 싫다고 소리 질렀고, 뒤따라온 교장선생님은 당황하고 지쳐 보였다.

나는 민욱이에게 말했다. "그래, 알겠다. 그럼 네 마음이 진정될 때까지 여기 잠시 있어도 좋아. 대신에 애들 수업에 방해가 되는 행동은 하지 않으면 좋겠다. 그럴 수 있겠어? 혹시 하고 싶으면 언제든 해도 좋아." 민욱이는 좋다고 했고, 그날은 그렇게 지나갔다.

며칠 뒤, 민욱이가 친구들과 다투고 학교에 오지 않았다. 교장선생님이 민욱이 집에 전화를 했지만, 어머니는 뭔가 서운함을 느껴 아이를 학교에 보내지 않겠다는 생각을 더 확고하게 말한 모양이었다. 다음날 교감선생님이 "김 선생, 거 머…. 비폭력… 대화법? 배운다고 했지요? 그걸로 민욱이 어머니와 얘기할 수 없나? 지금 담임이나 교장쌤, 내가 전화해도 안 받고, 받아도 얘기가 안 됩니다."

처음에 나는 거절했다. 원하는 결과를 얻기 위해 대화하고 싶지 않았다. 그렇지만 아이가 학교를 오지 않아 걱정하는 선생님들과 아이와 부모를 생각하니 의미 있는 일이겠다 싶어, 못 이기는 척 한다고 했다. 대신 조건을 붙였다.

"교감선생님, 제가 전화는 할 수 있습니다. 대신에 민욱이 어머니랑 얘기할 때 아이를 학교에 보내라고 하거나 교장, 교감선생님 입장을 전하지는 않을 겁니다. 그래도 좋으시다면 하겠습니다."라고 했다. 교감선생님은 좋다고 했고 오후에 나는 조용한 운동장으로 나가서 전화를 걸었다. 민욱이 어머니 목소리가 들려왔다.

"여보세요?"

"안녕하세요? 어머니. 저 민욱이 체육 가르치고 있는 선생님입니다."

"네. 근데요. 왜 전화하셨어요? 이렇게 전화하셔도 우리 애 학교 안 보내요."

전화기 너머로 차갑고 냉랭한 목소리가 들려왔다. 나는 속으로는 긴장되고 괜히 전화한다고 했나 하고 후회가 밀려왔다. 그렇지만 내색하지 않고 참으면서 내 의도만 전달했다.

"네. 실은 민욱이가 학교를 안 온다고 들었어요. 그래서 혹시 많이 서운하고 답답하실 텐데 누군가 들어드리면 도움이 될까 싶어 전화드렸습니다."

내 얘기를 들은 민욱이 어머니는 한숨을 내쉬더니 "아니, 왜 우리 애한테만 그러세요."라고 하며 그간 힘들었던 점들을 이야기했다. 나는 말없이 한 시간가량 듣기만 했다. 전화를 통해 민욱이 어머니의 이야기를 듣는 중에 온갖 평가와 판단, 그리고 비난이 올라왔다.

'자기 애가 산만하고 남에게 피해 준 건 모르고 피해의식만 있잖아.'

'이기적인 엄마야.'

'저 사람은 자기 입장만 고수하잖아.'

그렇지만 그런 생각이 든다는 것을 알아차리고 고치려거나 비난하는 마음을 내려놓았다. 그리고 다시 민욱이 어머니의 느낌과 욕구에 집중하려고 노력했다. 한 시간 정도 통화 후 "지금 힘든 마음은 이해하며 어떤 선택이든 존중하겠다."고 하며 전화를 끊었다.

교무실로 돌아오니 교감선생님이 궁금해했다. 나는 "그냥 말없이 들어드렸어요."라고 했다. 교감선생님은 크게 실망한 표정이었다. 나도 사실 이게 맞나 싶어 혼란스럽기도 하고, 아쉬워서 가만히 있었다. 다음 날 교장실로 민욱이 어머니에게 전화가 왔다. 그동안 거부했던 상대 부모와 교장선생님과 함께 대화를 수락했다고 한다. 대신에 조건이 있었다.

"김 선생, 민욱이 어머니가 대화 자리에 자기 혼자 있기 싫다고 자기 편이 있으면 좋겠다는데 그게 김 선생이란다. 그때 올 수 있지요?"

나는 우리 대화가 민욱이 어머니에게 도움이 되었구나 싶어 기뻤다. 나는 흔쾌히 좋다고 했고, 그 자리에서 특별한 이야기를 하지 않겠다고 했다. 다행히 모두가 함께 모인 자리에서 오해가 풀렸고 서로 이해하는 자리가 되었다. 그리고 다음 날부터 민욱이는 학교에 다시 왔다.

우리는 누군가의 이야기를 들어 줄 때 도움이 되고 싶어 한다. 그래서 자꾸 무언가를 하려고 한다. 자기 경험을 이야기하고, 조언하고, 위로하고, 안심시키고…. 상대에게 도움이 되고 싶어 무언가 하고 싶은 때는 '그렇구나.' 하고 알아차리고 그냥 들어 주는 것을 해보자. 상대를 믿고 그 사람이 무엇을 보고, 어떻게 느끼고, 무엇을 바라든 상관없다는 마음으로…. 그 길의 끝은 그 사람이 알 것이다.

나는 기린 선생님으로 살 수 있을까?

처음 비폭력대화를 알게 된 이후, 배우는 즐거움과 함께 변화하면 좋겠다는 바람으로 주변에 알렸다. "선생님, 비폭력대화라고 아세요?", "비폭력대화라고 있는데 이거 좋아요. 한번 해 보세요.", "얘들아, 비폭력대화라고 있어. 이렇게 말하면 서로의 마음을 이해할 수 있어." 비폭력대화가 누군가에게 전해지고 주변에서 배우는 사람이 늘어가는 것을 볼 때 함께 변화하는 누군가가 생겨서 든든하고 세상의 변화를 꿈꾸게 되었다. 그리고 누군가가 비폭력대화를 배우고 관계의 변화가 생겼다는 것을 들으면 내 일처럼 기쁘고, 비폭력대화의 소중함을 더 느꼈다.

그러나 비폭력대화는 서로를 연결하는 데 필요한 많은 방법 중 하나이다. 이 점을 기억하는 것이 비폭력대화를 배우고 실천하는 데 중요하다. 누군가는 비폭력대화가 필요 없다고 할 수도 있고, 누군가는 너무 좋다고 할 수 있다. 사람마다 어떤 것을 느끼고 받아들이는 것이 다르기 때문이다. 누군가는 산에 가는 것을 좋아하고, 누군가는 바다를 좋아한다. 비폭력대화도 산과 바다처럼 누군가는 좋아할 수 있고 관심이 없을 수도 있다. 자신이 비폭력대화를 배웠다고 다른 사람이 모두 좋아했으면 하는 마음이 들 수 있지만, 그런 마음을 내려놓고 그 사람의 말을 이해하는 입장에서 들어 주는 것이 오히려 비폭력에 가깝다.

"우리 스스로 우리가 이 세상에서 원하는 변화가 되자."라는 간디의 말처럼 비폭력대화의 대화 상대는 누구보다도 자기 자신이다. 나의 어려움과 약한 부분을 만나는 깊은 연민을 느낄 때 다른 사람도 같은 시선으로 바라보게 된다. 교실에서 아이들과 이야기할 때, 동료 교사의 이야기를 들어 줄 때, 오늘 내가 한 말과 행동이 마음에 들지 않을 때 등 우리의 삶 어디에서든 비폭력대화가 가능하다. 말 한마디라도 누군가에게 마음을 담아 "감사합니다." 하고 표현할 수도 있고, 오후에 수업을 마치고 가는 아이들에게 손을 흔들며 "차 조심해서 잘 가고 내일 보자."라며 말할 수도 있다. 형식이 아니라 자기 자신을 먼저 이해하고 사랑으로 대하고, 사람들에게도 같은 마음으로 대하면 삶에서 비폭력대화를 실천하는 것이다.

비폭력대화를 실제 삶에서 적용하는 것은 무척이나 어렵다. 가까운 만큼 가족이 어렵고, 매일 만나는 사람들과의 관계에서도 어려움을 느낀다. 교사는 매일 교실에서 지내기 때문에 교실 속 관계는 가족만큼 어렵다. 그래서 교실에서 비폭력대화를 적용할 때 좌절과 힘든 순간은 자연스럽게 일어날 수 있는 현상이다. 교사도 인간이기에 순간순간 올라오는 판단과 평가로 누군가가 밉기도 하고, 때로는 그 대상이 자신이 될 때도 있다. 판단과 평가는 비폭력대화를 오래 배웠다고 없어지지 않는다. 오히려 오래 배울수록 더 선명하게 알아차리게 되고, 내려놓는 자신을 좀 더 자주 만나게 된다. 판단과 평가 없이 비폭력대화만 있고 싶다는 말은 그림자 없이 빛만 있게 해달라는 말과 같다.

김수환 추기경은 "사랑이 머리에서 가슴까지 내려오는 데 70년이 걸렸다."라고 말했다. 머리로 판단하고 평가하는 습관이 가슴으로 느끼는 습관으로 바뀌기까지 얼마나 걸릴까? 그러나 바꾸기 어렵다는 것을 받아들이면 마음이 가볍다. 무엇이든 가볍게 연습해야 오랫동안 지속할 수 있다. 비폭력대화는 오랜 습관과 태도를 바꾸는 일이기에 노력뿐만 아니라 시간이라는 자원이 꼭 필요하다. 그 시간을 함께하기 위해서는 내가 할 수 있는 만큼 주변에서 실천하는 일상적인 태도가 중요하다. 어려우면 하다가 금방 지쳐서 하기 싫어지기 때문이다. 순간 과거의 습관으로 돌아갔더라도, '아! 내가 예전처럼 말하고 들었구나. 아쉽다. 다시 해보자.'라는 마음을 내면 된다.

어릴 적 자전거를 배울 때를 떠올려보자. 처음 자전거를 배울 때는 안전한 놀이터나 공터 같은 곳에서 시작한다. 세발자전거와 같은 보조 장치가 있는 자전거로 시작하고 어른의 도움을 받는다. 처음 비폭력대화를 배울 때도 마찬가지다. 처음 배울 때는 안전한 곳에서 충분한 연습이 필요하다. 자전거는 시간이 지나면 보조 바퀴를 떼며 혼자 쓰러지기도 하고 어떻게 타는지 몰라 한참 동안 애를 먹는다. 비폭력대화도 워크숍이나 책을 통해 처음 배울 때, 일상에서 시작하려면 익숙하지 않아 말을 더듬기도 한다. 어색해서 말을 일부러 줄이기도 한다.

어느 순간 익숙해져서 자신감을 갖고 비폭력대화가 잘될 때도 있다. 그럴 때는 나의 느낌과 욕구를 알아차리며 나를 태우고 비폭력대화를 할 수도 있다. 그렇게 여유가 생기면 누군가의 이야기를 들어 주며 비폭력대화라는 자전거를 태워 주기도 한다. 그런데 오르막길을 오르거나 뒤에 사람이 많이 타면 힘들어서 움직일 수 없을 때도 있다. 그때는 더 이상 누군가에게 비폭력대화를 할 때가 아니라 자기 공감이 필요한 순간이다. 조용히 시간을 내어 혼자서 자연과 함께 바람을 맞으며 자전거 타듯 자기 공감을 할 수도 있고, 누군가의 공감을 받으며 다른 누군가의 등에 기대어 힘을 회복해야 한다.

누군가의 마음에 다다르기 위해서는 그 길에 오르막과 내리막이 있을 수 있다. 또 포장된 도로와 비포장도로가 있을 수 있다. 어쩌면 웅덩이 같은 곳이 있어서 더 이상 비폭력대화라는 자전거를 타기 어려운 순간도 있다. 그럴 때는 내려놓으면 된다. 중요한 것은 상대에게 연결하려는 의도이지, 형식에 있지 않다. 비폭력대화 역시 하나의 수단 방법이다.

우리는 완벽해지기 위해 비폭력대화를 배우는 게 아니다. 오히려 완벽하지 않다는 점을 이해하기 위해 비폭력대화를 배워야 한다. 교사 역시 한 인간이기에 한계가 있고, 자신만의 관점도 있다. 그래서 어떤 아이가 하는 말과 행동을 볼 때, 미운 마음이 들 수 있다. 그런 마음이 드는 것은 내가 너무 피곤하고 지쳤기 때문일 수도 있다. 어떤 이유든 매 순간 모든 아이를 사랑해야 한다는 부담감은 오히려 비폭력대화와 멀어지게 한다. 또한 '비폭력대화를 해야만 해.'라는 생각은 스스로에게 폭력적이다. 내가 안 되는 부분을 받아들이고, 그 안에서 함께 할 수 있는 방법을 고민하는 것이 비폭력대화로 나를 대하는 것이다. 내가 나를 비폭력적으로 대할 때, 다른 사람에게도 그렇게 대할 수 있다.

영화 <쇼생크 탈출>의 주인공 레드는 세 번의 가석방 심사를 받는다. 그는 처음과 두 번째 심사에서 "사회에 복귀할 준비가 되었다고 봅니까?"라는 면접관의 질문에 "네. 분명합니다. 제 잘못을 깨달았습니다. 정직하게 말해서 전 새사람이 되었습니다. 더 이상 사회에 위험한 존재가 아닙니다. 신께 맹세합니다. 완전히 교화됐습니다."라고 답한다. 그런데 두 번의 가석방 심사 결과가 모두 부적격이었다.

복역한 지 40년이 되던 세 번째 가석방 심사에서 면접관이 "교화됐다고 봅니까?"라고 물었다. 레드는 "교화요? 어디 생각해 봅시다. 난 그게 무슨 뜻인지도 모르고…. 교화란 내게 그저 꾸며낸 말입니다. 정치인들이 만들어낸 말이지요. 당신 같은 젊은이가 넥타이에 양복을 입고 직업을 가질 수 있도록…. 진짜 알고 싶은 게 뭐요? 내가 지은 죄를 뉘우쳤냐고? 후회를 느끼지 않는 날이 없소. 그래야 한다고 당신이 강요했기 때문은 아니요. 옛날의 나를 돌아보지. 젊은…. 바보 녀석이 끔찍한 범죄를 저지른 거야. 그놈에게 말하고 싶어. 정신 차리라고 하고 싶어. 지금의 현실을 말해 주고 싶어. 하지만 그럴 수 없지. 그 젊은 녀석은 가고 이 늙은 놈만 남았어. 그렇게 살 수밖에 없어. 그건 다 헛소리야. 자넨 부적격 도장이나 찍고 내 시간 그만 뺏어. 솔직히 난 상관없어."

세 번째 답변은 앞의 답변들과 무엇이 달랐을까? 누군가의 마음을 바꾸기 위해서가 아니고, 원하는 결과를 얻기 위해서도 아니고, 나의 완전하지 않은 부분을 숨기는 것도 아니다. 그저 담담히 내면의 솔직함을 가슴으로 말하고 있다. 교실에서 기린 선생님으로 살아가는 우리도 마찬가지다.

3장

아이들은 무슨 말을 듣고 싶을까?

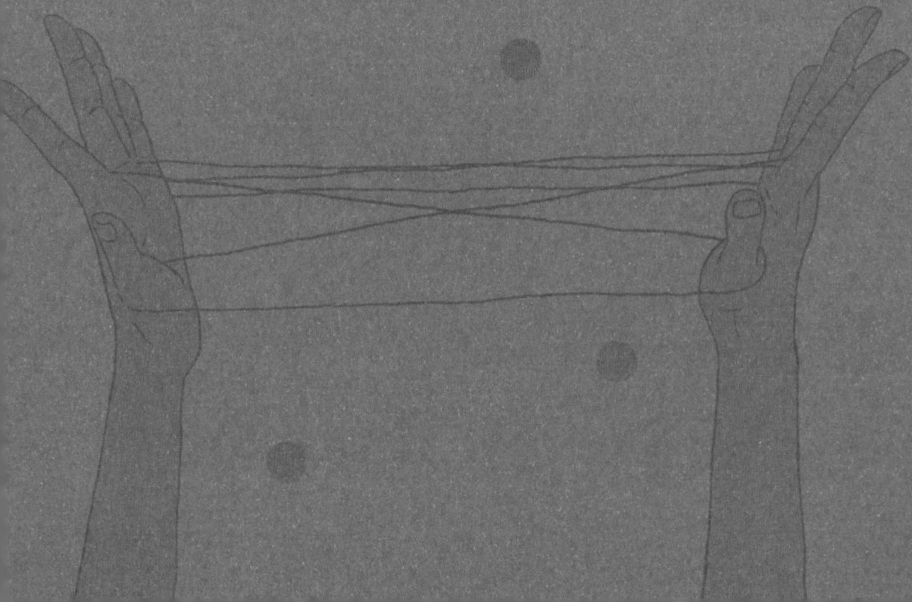

상처 주지 않으면서,
자신을 돌보면서.

선생님,
어디 다녀오셨어요?

교사공동체 비폭력대화 연습 모임에서 '나의 느낌 알아보기' 활동 중 '3월'은 나에게 '설레는, 기대에 부푼'이라는 느낌으로 다가왔다. 마음 한편에 걱정과 두려움이 없는 것은 아니지만 어떤 아이들을 만날까 기대하는 마음이 더 컸던 스스로를 발견하고는 의아하면서도 '맞아. 그랬지.'라는 생각이 들었다.

3월은 무척 정신이 없다. 학생 명부 작성, 각종 가정통신문, 학급경영(학급 규칙) 등을 처리하느라 매우 분주하다. 드디어 아이들을 만나고 각자를 소개하는 일부터 학교생활 전반에 걸친 안내 등으로 첫날을 보낸다. 이날을 무사히 보내기를 바라는 마음은 1년 농사를 시작하는 농부의 마음과 비슷할 것 같다.

새 학기, 첫날 새로 만난 아이들에게 이렇게 말한다.

"어서 와, 안녕."

"편한 자리에 앉으렴."

"칠판 앞에 붙어 있는 이름을 확인해 보렴."

학교에서 받은 명부대로 아이들이 왔는지 확인한다. 특히 아이들이 모두 등교했는지가 매우 중요하므로 1교시 전에 확인해야 한다. 그렇지만 사람 일이 어디 그러한가. 개학인 줄 몰라 학교에 오지 못한 아이, 다른 반 교사가 아이를 찾으러 오는 일, 작년 교실에 가서 앉아 있는 아이 등 사례도 아주 다양하다.

그렇게 만난 우리 반 아이들. 교과서를 배부하고 내가 중요시하는 교육관을 이야기하며 시간을 보낸다. 그러면서 아이들을 파악하기 시작한다. 아이들을 만나는 첫날, 30명 정도의 아이들 성격이 대략 파악된다. 특히, 첫날부터 자신의 존재를 드러내는 아이들은 눈여겨볼 필요가 있다.

아이들과 함께 학급 규칙을 정하며 '아침인사 하기'를 제안한다. 다음 날부터 아이들이 교실에 오면 서로 반갑게 인사하며 하루를 시작한다. 이렇게 첫날을 보낸다.

비폭력대화 4요소(관찰-느낌-욕구-부탁)에서 평가가 없는 낱말을 떠올리며 출근하는데 우리 반 아이들이 쪼르르 달려와 말한다.

"선생님, 안녕하세요?"

이 말을 들으면 왠지 모를 뿌듯함과 감사가 밀려온다.

"응, 어서 와."

"일찍 왔네."

"어떻게 둘이 같이 오는 거야? 만나서 왔어?"

인사하는 아이들의 마음을 '공감하며 듣기'로 연습하면서 아이들 마음을 읽어 본다. 선생님을 발견하고 얼른 다가와 이야기하고 싶은 마음, 자신의 존재를 알리고 싶은 마음들. "선생님, 안녕하세요?"는 "나 여기 있어요." 또는 "선생님과의 연결을 원해요."라는 뜻이다. 그러니 교사는 아이들이 겉으로 드러내는 반가움과 연결, 소통의 내면 깊은 욕구를 들여다보는 것이 중요하다. 평가나 판단 없이 그저 누구나 할 수 있는 그 말. 그래서 나는 "안녕하세요? 선생님."이라는 말이 참 좋다.

아이들이 먼저 고개를 살짝 앞으로 기울이며 "안녕하세요?"라고 할 때 참 반갑고 진정한 안녕安寧의 의미를 깨닫는다. 초등학교 담임교사를 하다 보면 나에게 일정한 생활양식이 있듯 아이들도 그렇다는 걸 알 수 있다.

아이마다 등교시간이 다르다. 사람들이 적게 다니는 때를 이용해 아침 일찍 오는 아이, 많은 사람들이 오갈 때 다 같이 오면서 즐거움을 만끽하는 아이도 있다. 조용한 아침 시간을 이용하는 아이들은 가정에서도 부지런하고 늘 평범한 일상을 지내는 경우가 많다. 등교 시간보다 일찍 오는 친구들은 선생님과 얼굴을 한 번 더 보면서 인사하고, 인사 후에 짧은 담소를 나누고 자기 자리로 간다. 어떤 아이는 시간표를 바꾸거나 만년 달력의 날짜를 바꾸는 등의 소소한 일을 하면서 마음의 여유를 가진다. 이 친구들은 대체로 마음이 수더분하다. 크게 동요하지 않으면서 다른 사람들과 부대끼는 것을 좋아하지 않는다. 그

대신 아침의 고요를 교사와 함께 즐긴다. 교실에는 매년 이런 아이가 10% 정도 된다. 말하지 않아도 교사가 아침에 하루를 준비하는 과정을 알고 있으니 학급 일을 잘 알고 참여하여 적극적인 조력자가 된다.

아이들과 약속한 '아침인사 하기'는 사실 내가 듣고 싶은 말이고, 나에게 중요한 말이다.

"안녕?"

나를 알아주는 선생님, 우리 반 친구들, 아이들을 맞아 주는 교장, 교감 선생님 등과 나눈 "어서 오렴.", "어서 오세요.", "얼른 와." 등의 인사가 아이들을 학급으로 들어오게 하는 체크인 같은 것 아닐까?

매일 '아침인사 하기'를 하며 지내던 어느 날이었다. 긴급한 일로 교사협의실에서 회의를 하고 1교시가 시작될 무렵 교실에 돌아오니 아이들이 물었다. 약간은 투정 섞인 말투와 궁금함이 묻어 있었다.

"선생님, 어디 다녀오셨어요?"

나는 그 말이 "저 학교에 아무 일 없이 왔어요. 선생님을 아침에 만나지 못했어요."라는 말로 들렸다.

"다 같이 인사하자. 바른 자세, 인사!"를 외치며 아이들과 인사하고 수업을 시작했다. 그러고 나면 안도하는 마음이 생기는지 아이들의 표정에 생기가 올라온다.

교사는 아이들이 안녕한지 물어야 한다. 혹시 아침에 어떤 일이 있었는지, 집에서 야단맞고 온 건 아닌지, 오다가 속상한 일은 없었는지, 오늘 몸이 아픈 건 아닌지를 진심으로 물어야 한다. 아이들의 안부를 확인하며 마음 한편에 감사와 고마움을 느껴 보자. 상대의 안녕을 생각하고 묻는 것, 비폭력대화의 좋은 시작이다.

선생님의 말 연습

"선생님, 안녕하세요?"

❶ 이때 나의 욕구는 무엇일까?

❷ 상대의 욕구는 무엇일까?

"선생님, 어디 다녀오셨어요?"

❶ 이때 나의 욕구는 무엇일까?

❷ 상대의 욕구는 무엇일까?

아이들에게 선택하고 말할 기회를!

3월에는 아이들에게 과목별 학습 방법을 안내한다. 아이들이 수업 태도를 익히도록 연습하는데 학년에 따라 조금씩 다르다. 저학년은 필기의 개념이 없으니 중요한 내용을 반복해서 안내하고, 중학년은 기본교과인 국어와 수학의 개념을 잡는 것에 큰 목표를 둔다. 고학년이면 수업 시간에 배운 내용의 요점을 스스로 찾을 수 있도록 반복해서 제안한다.

요즘 아이들은 참 바쁘다. 학교에 오면 "학원 가기 싫다."는 말을 제일 많이 한다. 학원을 한 개도 안 다니는 아이는 30명 가운데 3명이 채 되지 않는다. 아침에 집에서 나와 학교에 있다가 시간 맞춰 학원에 가야 하니 공부 시간이 참 길다. 저학년은 학교 공부가 끝나고 방과후학교 몇 개를 하고 나서, 요일에 맞게 학원에 들렀다가 집으로 간다. 고학년은 학교 수업을 마치고 공부 관련 학원으로 간다. 학교에서 학원으로 이어지는 일련의 시간이 모두 공부의 연속이라 학원에 가기 싫다는 말이 나오는 게 당연하다. 체험학습을 가면 학교 도착 시간이 오후 3~4시를 넘어가는데, 이때 고학년 아이들은 쾌재를 부른다. 학원을 공식적으로 가지 않을 수 있는 날이기 때문이다.

아이들이 하고 싶은 것은 과연 무엇일까? 어려워 보이는 이 물음에 대한 답은 의외로 간단하다. 아이들은 언제든지, 무엇을 하든지 '선택'하고 싶어한다. 그런데 요즘 아이들은 버릇처럼 묻는다.

"엄마, 이거 해도 돼?"

물론 사안에 따라 묻고 행동해야 할 때도 있지만 어릴 때부터 모든 일을 부모에게 묻는 아이도 있다. 공부 상황이나 친구들과의 놀이도 다 허락을 구하다 보니, 자기 스스로 선택해야 하는 상황에서 어려움을 겪는다.

아이들에게 공부 시간은 어떻게 다가올까? 세상에 공부를 못 하고 싶은 아이는 없다. 아이들이 가장 잘하고 싶은 게 공부이다. 그러나 공부를 잘하고 싶어도 연습과 반복 없이 잘하기는 참 어렵다.

수학 과목은 개념학습 후 수학 익힘으로 문제를 푸는 단계로 이어진다. 우리 반에는 문제 푸는 속도가 다른 아이들끼리 서로 가르치고 배우는 '꼬마 선생님' 제도가 있다. 맨 먼저 수학 익힘을 다 푼 아이를 교사가 채점해 주고 채점을 받은 아이가 다른 친구들을 채점해 주는 방식이다. 꼬마 선생님들은 친구들이 푼 문제를 금세 채점해 준다. 자신이 문제를 풀어 봤기 때문에 쉽게 채점할 수 있고, 틀린 부분도 쉽게 알아채어 콕 집어 알려준다. 그런데 이 제도에는 한 가지 규칙이 있다. 도움을 받는 사람에게 도와줘도 되는지 물어보아야 하는 규칙이다.

"내가 채점해도 될까?"

"아직 못 풀었으면 내가 도와줘도 될까?"

이렇게 물으면 도움을 받는 아이가 선택할 수 있다. 처음에 어색해하던 아이들이 자연스럽게 참여하니 확실한 효과가 있다. 수용해도 거절해도 서로에게 문제가 없다. 우리 반 친구가 내가 모르는 것을 내 눈높이에 맞춰 내 의사를 물으며 알려 주고, 게다가 그것이 본인의 선택이라는 점이 무척 매력적이다.

"아니, 내가 풀래."

"응, 나 좀 도와줘."

도움을 요청한 아이들은 수학 문제를 풀면서 친구의 도움으로 어려웠던 부분을 쉽게 해결한다. 내가 알고 있는 것을 다른 사람에게 설명할 수 있다면 그건 완전하게 나의 지식이 되는 경험이다. 수업에서 배우고 익힌 것을 다른 사람에게 가르치는 것까지 하니 그야말로 완전 학습이 이루어져 학습적인 면에서도 좋다.

교사도 아이들에게 선택할 수 있는 기회를 줄 수 있다. "선생님이 도와줄까?" 아니면 "다른 친구에게 도움을 받는 찬스가 있는데 사용해 볼래?"라고 묻는 것이다.

공부 시간에 아이들과 발표를 주고받을 때에도 비폭력대화의 '공감하며 듣기', '솔직하게 말하기'를 사용한다. 저학년은 어떤 것에라도 자기 의견을 이야기하는 것이 어렵지 않지만 학년이 올라갈수록 먼저 발표하겠다는 아이를 찾기가 쉽지 않다. 이럴 때 다양한 방법을 사용하는데 아이들에게 이렇게 안내한다.

"발표 순서가 되었을 때 준비되어 있지 않거나 발표하기를 원하지 않는다면 여러분에게는 '통과' 할 수 있는 권리가 있습니다."

솔직하게 말하기 방법은 내 의사를 밝히고 참여하도록 하는 데 유용하다. 내가 발표를 안 해서 참여를 못하는 것이 아니라 다양한 이유로 지금은 말할 수 없다는 의사를 밝히기 때문이다. 발표는 수업의 과정이므로 이 솔직하게 말하기는 다양하게 사용해도 좋다.

이는 몇 번의 연습만으로도 가능하다. 특히 교실에서 자기 목소리를 내는 것에 어려움이 있는 친구들이라면 더욱 추천한다. "네 생각은 어때?", "누가 발표 한 번 해볼까?"라는 교사의 물음에 아이들은 당당하고 솔직하게 말한다.

"통과할래요"

"전 pass요."

"저도 pass요."

고학년은 저학년보다 '통과'를 더 잘한다. 그러나 아이들은 몇 번 '통과'를 하다가도 말하고 싶어 한다. 그 역시 시간이 지나면서 나아지는 부분이다. 아이들은 언제나 자신의 이야기를 말하고 싶다. 그들은 학교에서 충분히 "떠들지 마라.", "조용히 해."라는 소리를 듣고 있기 때문이다. 그런데 '통과'라는 말조차 하지 않는 아이들은 어떻게 해야 할까?

그럴 때는 교사의 욕구를 솔직히 말해 본다.

"다음에 꼭 말했으면 좋겠어. 선생님한테는 지금 네가 어떤지 알고 싶은 마음이 있거든."

마셜은 『비폭력대화』*에서 "자신의 욕구를 스스로 소중하게 생각하지 않는다면, 다른 사람도 그것을 소중히 여기지 않을 것이다."라고 말했다. 수업 중 아이들이 어떤 말을 할 것인지 선택하도록 하고, 교사는 공감하며 들으며, 다양한 상황에서 솔직하게 말하도록 아이들에게 기회를 주자.

* 마셜 로젠버그, 『비폭력대화』, 캐서린 한 옮김, 한국NVC센터

어디에서도 못 들어 본 말, "놀아!"

'**요즘** 애들'로 시작하는 말은 조금 부정적이다. 특히 요즘 애들의 사회성을 지적하며 "남들과 놀아 본 경험이 부족해. 사회성이 떨어져."라고 말한다. 그렇다! 요즘 아이들은 다른 사람과 노는 시간보다는 각종 기기와 지내는 시간이 더 많다. 휴대전화로 여러 가지를 하느라 정작 또래 친구들과 노는 것을 등한시하고, 시간적 여유도 없으며 방법도 모른다.

아이들은 등교하는 순간부터 집으로 돌아가는 시간까지 학교에서 보내는 동안 해야 할 것이 참 많다. 교실에 들어서는 순간부터 오늘 무엇을 해야 하는지는 전적으로 아이의 책임이다. 가방을 정리하며 제출할 것이 있는지 확인하고, 아침 독서나 각 학급의 아침 활동을 한 뒤 1교시를 준비하느라 분주하다. 시간마다 해야 할 것이 다르며, 이를 그때 그때 융통성 있게 해내야 한다.

아이들이 가장 좋아하고 즐기는 시간은 쉬는 시간이다. 코로나19로 옆자리 친구와 노는 것이 불가능했을 때를 제외하고 쉬는 시간은 아이들에게 더할 나위 없이 좋은 시간이다. 아이들은 쉬는 시간에 다양한 방법으로 논다. 손유희, 그림 그리기, 담소 나누기, 복도로 나가 걷기, 다른 반 친구와 대화하기, 무작정 달리기, 보드게임 하기 등 놀이 방법은 수도 없이 많다. 휴대전화 없이 온전히 사람과 놀 수 있는 쉬는 시간은 서로를 알아가는 유일한 시간이다. 일단 놀기 위한 첫 번째 단계는 나를 알리는 일이다. 저학년은 어떻게 할까?

"화장실 같이 갈래?"

"도서관 갔다 올까?"

이렇게 말하기만 해도 나의 욕구가 표현된다. 친구가 흔쾌히 받아들이면 상대 공감까지 이어지므로 친구가 되는데 이만한 방법이 없다. 그저 같이 다녀오는 행동만으로 둘만의 경험을 얻는 것이다.

두 번째 시도는 '제안'이다. 이는 학년에 관계없이 이런 식이다.

"우리 할리갈리 하자."

"우리 도블 하자."

원하는 상대와 함께 교실 바닥에 앉아 잠깐 짬을 내서 보드게임 등을 즐긴다. 또 교사가 손유희 같은 간단한 놀이를 일주일에 하나 정도 가르쳐 주면 아이들은 배운 것을 잘 활용한다. 아이들이 교실에서 삼삼오오 모여 놀거나 바닥에 엎드려 놀면 교사는 방해가 되지 않도록 조심히 걷는다. 아이들은 교사의 이런 움직임을 보고 자신들도 놀이하는 다른 친구를 방해하지 않도록 주의한다.

간혹 교사에게 같이 놀자고 말하는 아이도 있다. 그 아이들 중에는 교실에 적응하지 못하는 아이도 있다. 아주 쉬운 가위바위보부터 손유희 등으로 놀아 주면 너무 좋아하며 교사와의 끈끈한 유대 관계가 생긴다.

학기초 아이들과 규칙을 만든 다음, "얘들아, 그냥 놀아. 하고 싶은 거 하면서." 뛰거나 시끄러운 소리 등을 금지하는 규칙을 만들어 놓으면 아이들이 질서를 지키며 잘 논다. 고학년도 "놀아."라는 말을 좋아한다. 어디에서든 무엇을 하든 확인받는 시기여서 교사에게 "놀아."라는 말을 들으면 조금 놀라지만 곧 적응한다. 아이들은 뭔가 특별한 것을 하지 않아도 이야기를 나누는 것만으로도 해방감을 느낀다. 아이들에게 잘 노는 방법을 알려 줄 필요도 있지만 "얘들아, 놀아야 돼…. 쉬는 시간 지나간다. 얼른 놀아."라고 말하는 것만으로 충분하여, 이로써 아이들과 친밀한 관계가 형성된다. 아이들은 친구와 10분 동안 알차게 놀면 다음 수업도 잘 준비한다. 하고 싶은 것을 다 했으므로 공부에도 도움이 된다.

놀라는 말을 들어 본 적 없는 한 아이가 적잖이 놀란 눈치였다. 그것도 모자라 되물었다.

"놀아도 돼요?"

"그럼. 당연하지."

초등학교를 갓 입학한 1학년부터 좀 적응한 2학년, '이제 좀 놀아 볼까?' 하는 3, 4학년, '우린 이제 다 알아!'라고 생각하는 5, 6학년 모두 아이들에게 쉬는 시간은 너무나도 달콤하다. 심지어 교사에게도 말이다. 아이들에게 쉬는 시간에 잘 쉬고 싶다고 미리 말해 놓으면 아이들이 교사를 찾아오는 일이 덜하다.

아이들이 궁극적으로 원하고 바라는 것을 욕구 목록에서 찾아보면 '재미'와 '유대'이다. 옆에 있는 친구를 괴롭히는 아이의 속마음은 같이 참여하거나 재미있게 놀고 싶은 것인지도 모른다. 그러니 아이들에게 그저 "놀아."라고 말하는 것은 그들의 진실된 욕구를 들여다보는 작업이기도 하다. 공부 시간, 쉬는 시간, 점심시간 등에 벌어지는 여러 문제 상황들, 그리고 "복도에서 뛰지 마.", "욕하면 안 돼."라고 말할 수밖에 없는 상황에 앞서 이렇게 말해 보는 것은 어떨까?

"얘들아, 놀아!"

무슨 말로 칭찬하고 어떻게 꾸중할까?

"**무슨** 말을 한 거야?"

격앙된 목소리로 묻는 내 질문에 강산이가 잠깐 가만 있더니 말했다.

"잘됐다고 했어요."

몇 해 전 국어 시간에 '동물원이 필요한가?'라는 주제로 토론 수업을 하다가 반 아이와 나눈 대화이다. 2018년 대전의 한 동물원에서 사육사가 청소 후 문 잠그는 것을 잊어 퓨마 한 마리가 탈출했다. 그날 저녁 인근 야산에서 발견된 퓨마가 사살되었다는 뉴스 기사를 함께 보고 있는데 강산이가 "잘됐다."라고 말한 것이다.

이 말을 듣는 순간 비폭력대화를 공부하고 연습 모임을 하던 나는 어딘가로 사라지고, 당장 기분이 확 상했다. 마음속에선 속상한 마음이 일어나고 점차 화가 올라왔다. 수업 상황과 수업 주제, 그리고 그 상황을 어찌해야 할지 몰랐다.

아이들이 눈치채지 못하게 호흡 명상에서 연습한 대로 "휴-" 짧게 숨을 쉬고 강산이를 보며 말했다.

"나는 네가 이것을 보고 '잘됐네.'라고 한 걸 들으니 갑갑하고 걱정되고 속상해. 선생님은 우리 반 친구들에게 동물원과 관련된 다양한 내용과 여러 상황을 잘 설명해 주고 싶었거든. 내 말 들어보니 어때?"

나는 비폭력대화의 4요소(관찰-느낌-욕구-부탁) 단계를 생각하며 아이가 알아들을 수 있도록 천천히 말했다. 그런데 강산이는 아무 말도 하지 않았다. 그래서 또다시 물었다.

"나는 네가 했던 '잘됐네'라는 말이 기분이 좋지 않고 갑갑하고 걱정도 되고 속상한데, 너는 내 말 들어보니 어때?"

잠시 뒤에 강산이가 말했다.

"안 해야 한다?"

나는 뒷머리가 화끈거리고 가슴이 답답했다.

'아, 얘는 내가 본인이 한 말로 느꼈을 감정에 대한 공감이 없구나. 느낌말을 모르는구나.'

나는 생각 끝에 이번 기회에 잘 알려줘야겠다는 마음으로 비폭력대화 카드 목록을 보여 주며 고르라고 했다. 그러나 아이는 여전히 요지부동이었다. 느낌말 목록을 고르지 못하여 하나씩 읽어 주고 나서 다시 물었더니 이번에는 "당황스럽다?"라고 말했다. 아이는 평상시에 늘 그렇듯 말꼬리를 물음처럼 올려 말했고, 나는 폭발 직전이었다. 그러나 짧은 순간 가만히 되짚어 보고 '그래 이게 기회일 수도 있어.'라는 생각이 들었다.

이번에는 감정카드를 하나씩 넘기며 말했다.

"네가 느끼는 감정이 나올 때 멈춰."

아이는 "미안하다?"라고 말하며 전과 똑같이 끝을 올려 말했다.

이번에는 욕구가 쓰여 있는 목록을 읽으며 행동에 어떤 욕구가 있었는지 하나씩 넘기며 찾으니 '재미'라는 욕구가 나왔다. 강산이는 비폭력대화 4단계를 거친 뒤에 그제야 자신은 그저 '장난'이었다고 말했다.

나중에 알고 보니 강산이가 영상을 보며 "잘됐네."라고 말한 것은 동물원에서 탈출한 퓨마 때문에 사람들이 위험했는데 상황이 잘 해결되었다는 뜻이었다. 나는 퓨마를 죽인 것이 잘됐다는 것으로 잘못 듣고 자극을 받아 비폭력대화를 아주 폭력적인 방법으로 사용했다.

수학 시간에도 이와 비슷한 일이 있었다. 분수의 나눗셈 수업에서 9개의 빵을 10명에게 나눠 줄 때 어떤 방법이 있는지 물었다. 그때 한 아이가 말했다.

"한 명을 죽이고 나눠요."

한번은 이런 일도 있었다. 실과 시간에 가정의 형태에 대해 설명하고 있었다. 입양 가정의 관련 영상에서 공개 입양된 아이에 관한 내용이 나올 때였다. 한 아이가 말했다.

"쇼크샤."

나는 아이들에게 이런 말을 들을 때마다 그 말을 한 아이의 평상시 행동을 떠올리며 '역시 그렇구나.'라고 생각하는 등 여러 번의 실패를 겪었다.

비폭력대화의 첫 번째 단계는 '평가 없는 관찰'이다. '관찰'을 부단히 연습하며 내가 하는 많은 것들이 평가라는 것을 깨달아도 실제 생활에서 완벽하게 변하기는 어렵다. 칭찬거리가 있는 아이들은 뭐든 잘하고 굳이 교사가 나설 필요가 없다. 하지만 반대의 경우는 어떨까? 저학년 아이가 욕하는 경우는 드물지만 고학년은 확실히 다르다. 교사 앞에서는 조심하는 편이지만, 친구들끼리는 일종의 문화처럼 욕을 쓴다. 욕을 자주하는 아이, 칭찬거리가 없고 교사의 머릿속에 어떤 꼬리표가 붙어있는 학생에게는 말을 더 잘해야 한다.

"지금 네가 뭐라고 했는지 다시 한번 말해 줄래?"

"선생님은 네가 '씨발'이라고 해서 놀라고 당황스러웠어. 욕을 듣고 싶지도 않고 편안히 네가 모둠 활동을 하면서 친구들과 협동하기를 원하거든. 네가 지금 한 말을 다시 안 했으면 좋겠어. 너는 내 말을 듣고 어때?"

이와 같이 교사는 아이가 한 말을 '관찰'로 다시 들려 주고 교사가 느낀 감정도 전달하는 것이 좋다.

그럼 칭찬은 어떻게 해야 할까? 구체적이고 특정한 칭찬을 해야 할 때 비폭력대화의 관찰과 욕구를 떠올리면 효과적이다.

"선을 두껍고 진하게 그린 것을 보니 선생님이 말했던 내용을 잘 이해한 듯 보이는데 맞아?"

한번은 한 아이가 수업 시간에 자꾸만 짝과 이야기를 나누었다. 이 같은 상황에서 교사가 아이에게 "조용히 해."라고 말하는 것과 "지금 무슨 일이야?"라고 묻는 것은 어떻게 다를까?

"지금 무슨 일이야?"

"얘가 어떻게 하는 건지 물어봐서요."

이럴 때 교사는 양쪽에게 말해야 한다.

"아, 잘 알고 싶어서 짝꿍에게 물었구나".

"아, 친구가 알려 달라고 하니 잘 알려 주고 싶었구나".

이런 대화가 오가면 교사에게 아이는 수업을 방해하며 떠드는 아이에서 '수업 내용을 알고 싶은 아이'로 다가온다. 이렇듯 자신의 생각(판단)이 아닌 공감하며 듣기로 대화하면 깊은 연결을 경험할 수 있다. 또한 묻고 답하는 과정을 보여 주면 아이들에게 '우리 선생님은 우리를 신뢰해.'라는 굳은 믿음이 생긴다.

선생님의 말 연습

아이가 수업에 집중하지 못할 때 구체적으로 표현하기

❶

교사: 무슨 일이야?

학생: 이한이가 모둠활동을 안 해요.

교사: 이한이가 모둠활동에 잘 참여하면 좋겠구나. 이한이에게 선생님이 말해 볼까? 네가 다시 한번 말해 볼래?

❷
교사: 지민아, 수업 시간에 허리는 곧게 세우고 발은 교실 바닥에 닿게 하고 손은 자연스럽게 책상에 올리는 자세로 앉아 줄 수 있을까?
학생: (수긍) 네.
교사: 선생님 얘기 들어 줘서. 고마워.

한번은 장학 수업을 마치고 교감선생님이 말했다.

"선생님, 수업이 참 인상적이었어요."

무슨 말인지 약간의 기대와 걱정으로 잠시 기다렸다.

"선생님이 수업 시간에 '감사합니다.'를 여러 번 사용하는 걸 보고 솔직히 좀 놀랐어요. 활동을 설명하고 아이들이 실행하는 단계에서도, 그 이후에도 그렇고…."

교감선생님은 교사의 말이 만들어 낸 교실 내 안정감이 학생들의 교과학습에도 영향을 미치는 것 같다고 덧붙였다. 교사로서 아이들에게 살아가면서 경험한 것을 이야기로 많이 나누려고 노력한다. 말썽쟁이 아이들 입장에서는 혼난다고 느낄 때도 있지만 그래도 많은 아이들이 교사의 말을 온전히 잘 들어준다. 그런 아이들이 참 '고맙다'.

하교하는 신발장 앞에서
"잘 가. 내일 보자."

하루 중 아이들이 가장 좋아하며 기대하는 시간은 뭐니 뭐니 해도 급식 시간이다. 그것보다 더 좋은 것은 하교 시간이다. 등교해서 수업 시간, 쉬는 시간, 점심시간을 보내고 집으로 돌아가는 이 시간은 아이들에게 주어지는 달콤한 보상이 틀림없다. 그런데 학교생활은 집으로 돌아가는 그 짧은 순간도 포함된다.

일반적인 초등학교 교실이라면 하교하는 마지막 시간에 알림장을 쓰고 자기 자리를 청소하고, 내일 있을 중요사항을 안내받는다. 이때 사건이 종종 발생한다.

"선생님, 얘 청소 안 해요."

"선생님, 저 화장실 다녀와도 돼요?"

"선생님, 알림장 아직 다 못 썼어요."

"선생님, 지민이가 쓰레기를 제 자리로 보내요."

"선생님, 저 아까 다 못한 거 내일 아침에 와서 해도 돼요?"

정말 다양한 이야기들이 오가는데 그중 한둘은 지금 꼭 해결해야 하는 경우가 있다. 각자 저마다의 사연을 해결하고 나면 이제 진짜 집으로 돌아가는 종례 시간이 온다. 이때 저학년에게는 학교 내에서 걸어다니기, 교통안전 등을 지도한다. 아이들이 듣는 둥 마는 둥 하더라도 요일을 정해서 그날그날 안전에 대해 말하는 것만으로도 사고를 많이 줄일 수 있다. 구호처럼 하는 학급도 있는데 아이들이 이걸 기억해 뒀다가 다음 학년이 되어도 입버릇처럼 말하기도 한다. 이렇게 교사는 학교에서 끊임없이 말과의 전쟁을 치른다.

이제 진짜 하교이다. 이때부터 복도는 그야말로 인산인해다. 교사는 아이들이 신발 갈아신는 것을 기다리며 이런저런 담소를 나누고 아이들과 하루를 마무리한다. 아이들과 하이파이브나 주먹인사 등의 손인사를 하기도 한다. 집으로 돌아가는 시간에는 대단히 중대한 사건이 아니라면 훈육은 하지 않는 것이 좋다. 아이들은 그날 학교에서 있었던 많은 일 중에서 하교 시간의 느낌으로 하루를 기억한다. 그러니 즐거운 마음으로 친구들과 재잘거리며 집으로 가도록 하는 것이 바람직하다.

고학년의 경우, 이때 이야기를 나누면 짧은 상담이 된다. 끝나고 나서 어디 가는지, 누구와 노는지 등 일정을 물으면 의외로 교우관계나 이성문제, 요즘 고민과 특정한 상황을 알게 된다. 또 바로 하교하지 않는 아이들의 경우에는 무슨 일인지 물어보는 것만으로도 강력한 상담이 된다.

비폭력대화의 욕구 중에 '자기 존재에 대한 믿음'이라는 욕구가 있다. 교사는 교과를 가르치는 학습 안내자의 역할뿐만 아니라, 성숙하고 건강한 어른으로 아이들이 성장하는 데 기여하는 부분이 크다. 그러므로 '자기 존재에 대한 믿음'은 교사로서 스스로를 돌아볼 때 많이 생각해 보아야 할 욕구이다. 그러하니 교사로서 하는 말과 행동을 계속 부단히 다듬는 과정을 이어가고 있는지도 모르겠다.

아이들에게 인사를 하자! 교사가 가진 평가는 온전히 내려놓고 그저 한 사람으로 집으로 무사히 잘 돌아가길 바라는 마음으로 말이다. 교사 자신의 평안함의 욕구를 잘 들여다보며 하교를 안내하면서 그저 이렇게 말하면 된다.

"잘 가, 내일 보자."

"안녕."

이렇게 말을 건네면 재잘대며 걷던 아이들도 고개를 꾸벅 숙이며 "안녕히, 계세요."라고 인사하고 집으로 돌아간다.

아이들이 집으로 돌아가고 나서도 교사는 해야 할 업무와 수업 준비로 빠듯한 시간을 보낸다. 교실 정리(아이들이 자기 자리를 청소하고 가지만, 다음 날 잘 정돈된 교실에 아이들이 오기를 바라는 마음에 특별한 사정이 없는 한 한 번 더 깨끗이 교실을 청소한다.)를 하고 업무를 보다 보면, 방과후를 하느라 좀 늦게 하교하는 아이가 교실 앞문을 스스로 열면서 또 인사하러 온다.

"선생님, 안녕히 계세요. 내일 봐요."

참 고마운 마음이고 가슴 따뜻해지는 순간이다. 아이들도 나를 봐주는 사람에게 얼굴을 한 번 더 보이는 법이다.

"그래, 잘 가. 내일 보자."

이때 교사는 말해야 한다

친구들과 이야기를 나누다 마음이 상하면 교사에게 와서 이르는 아이들이 있다.

"선생님, 지민이가 저한테 바보래요."

"선생님, 저 보고 지랄하지 말래요. 패드립해요. 욕했어요. 하지 말라고 하니까 '어쩌라고?' 그래요."

아이들은 하루에도 수차례 교사에게 자신이 들은 말을 전한다.

"○○이가 이랬어요."

"○○이가 저랬어요."

"○○이가 저한테 시비 걸어요."

친구가 한 욕을 전하면서도 자기 입으로 하고 싶지 않은지 자체적으로 '삐' 처리를 하는 아이도 있다.

"선생님, ○○이가 저한테 ○○○○○이라고 했어요."

이때 교사는 어떤 상황인지 파악하기에 앞서 자신이 아이의 얘기를 들어 줄 수 있는지 자신을 살펴보아야 한다. 자칫 아이들의 이야기를 자신의 것으로 가져와 상처를 입기 때문이다. 그럴 때 아이들에게 물어보면 된다.

"지민이가 저한테 바보래요."

"소윤아, 지민이가 너한테 바보라고 해서 속상했어?"

"네."

"지민이가 너한테 바보라고 안 하길 원해."

"네."

"그럼, 지민이가 너한테 사과했으면 좋겠니?"

"네. 그리고 안 했으면 좋겠어요."

"지민이가 저한테 바보래요."라는 아이의 말을 듣고 교사가 바로 "지민이 나와."를 외치는 순간 교사의 지도는 두 아이에게 소용없어지는 경우가 허다하다. 지금 여기에서 지민이의 말에 상처받았을 소윤이의 마음을 살펴봐 주는 것이 중요하다. 고백하자면 나는 이 부분에서 정말 많이 실패했다. 그리고 중요한 한 가지가 더 있다.

"그런데 지민이가 소윤이한테 왜 바보라고 했어?"

이렇게 물을 때도 조심해야 한다. 교실에서 일어나는 문제는 사소한 경우가 많지만, 더 큰 일로 번질 가능성이 있는 일도 있다. 또한 둘의 문제가 첨예하게 대립한다면 이야기를 공정하게 들어 보는 것이 좋다. 그럴 때 누가 먼저 말할지 '들은 대로 돌려주기 방법'으로 말해 본다. 이

때 듣는 사람은 들은 대로 말하기 위해 잘 듣는 훈련을 하는 것이 좋다. 교사는 두 아이가 하는 말을 들으며 가급적 말을 아끼고, 반영 공감(듣기 위한 자세를 갖추고 따스한 눈빛을 보내며 고개 끄덕임과 호응을 하며 듣는 공감 방법)을 해준다.

"아, 그래서 그렇다는 거야."

"친구 이야기를 들어 보니 어때?"

소윤이의 말을 듣던 지민이가 말했다.

"지민이가 저한테 바보래요. 제가 글씨 쓰는데 '야, 너 틀렸어. 거기다 쓰는 거 아니야. 바보야.' 이렇게 말했어요."

"재가 1번에 써야 하는데 2번에 쓰잖아요. 아니라고 하니까 '뭐? 어쩌라고.'라고 그랬어요."

이렇게 이야기를 모두 들어 보면서 서로의 마음과 상황을 모두 알게 되었다.

"그래서 속상했어?"

"지민이 얘기 들어 보니 어때?"

씩씩거리며 왔던 소윤이와 지민이는 각자의 마음을 솔직하게 말하고 공감하며 듣기를 하면서 서로의 마음을 알아냈다. 이때 교사는 둘에게 이렇게 묻는다.

"이제 어떻게 하고 싶어? 뭘 했으면 좋겠어?"

"미안해요. 사과하고 싶어요."

조금 전까지의 분함은 어디로 사라져 버리고 상대 마음에 대한 공감만 남는다. 이럴 때 사과하는 말하기 방법을 분명하게 말해 준다. 상처를 준 사람이 도리어 마음 편해지는 사과도 있으니 말이다. 자신이 했던 말이나 행동을 그대로 한 번 더 말한다.

"내가 너한테 바보라고 해서 정말 미안해. 나는 네가 잘 쓰기를 원해서 했던 말이지만 잘못했어. 다시는 그러지 않을게. 미안해."

사과를 원했던 아이가 사과를 받은 후에도 용서의 마음이 들지 않는다면 그것도 괜찮다고 말한다. 그런데 아이들은 대개 잘 용서한다. 그 다음은 교사 차례다.

"소윤이가 지민이가 바보라고 그런다고 선생님한테 말하는 걸 들으니 선생님 마음이 속상했어. 수업 시간 동안 준비한 내용을 잘 알려 주고 친구들이 공부 내용을 잘 이해하길 원하거든. 선생님 말 들어 보니 어때?"

교사는 하루 동안 20명이 넘는 아이들과 아침부터 오후까지 다양한 상황과 수많은 말들 속에서 적절하게 말해야 한다. 상처 주지 않으면서, 그리고 더 나아가 자신을 돌보면서 말이다.

선생님의 말 연습

'들은 대로 돌려 주기'를 통해 마음 알아차리기

"선생님은 너희가 말한 걸 들으면서 속상하고 짜증 났어. 선생님 말 들으니 어때?"

❶ 선생님도 속상하실 것 같아요.

❷ 잘못한 것 같아요.

(친구가 말하는 것을 듣고 하는 말) "얘가 말한 것과 같아요."

❶ 네가 들은 대로, 한 대로 말해 줄 수 있을까?

❷ 친구가 지금 뭘 원한다고 한 거야?

4장

아이들끼리 교실에서 무슨 말을 할까?

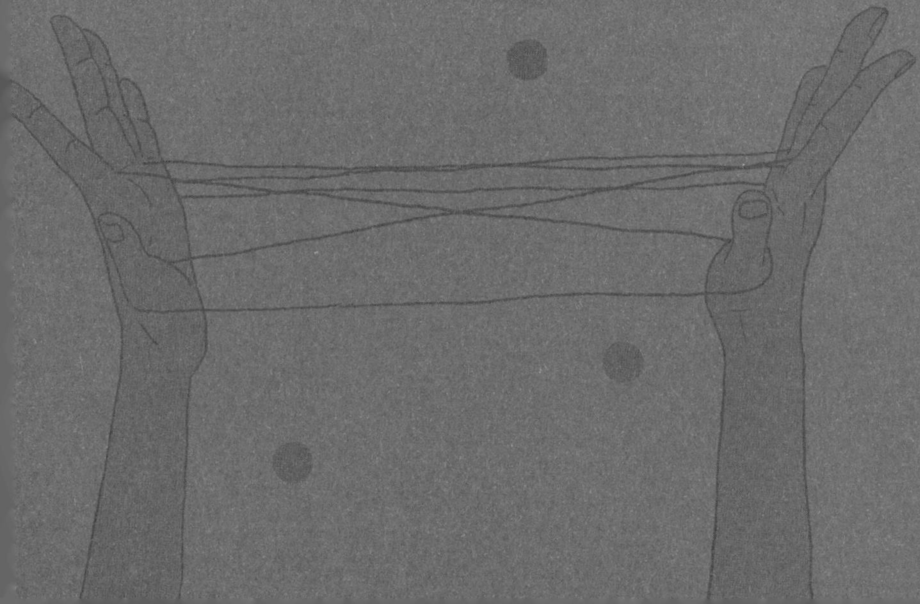

누군가를 공감하려면
먼저 자기 자신을 공감해야 한다.

기린말, 들을 준비가 되어 있니?

교실에서 유독 말을 안 하는 아이들이 있다. 그중에는 자신을 드러내지 않는 아이, 부대끼는 것이 싫은 아이, 꼭 필요한 말만 하는 아이, 놀이에 잘 끼지 않는 아이, 쉬는 시간에도 자기 자리에 앉아 그림을 그리거나 책을 읽는 아이도 있다. 특히 이 아이들을 세심히 살피면서 평상시 말과 행동을 잘 관찰하는 것이 좋다. 때때로 이른 등교 시간, 급식 후 놀이시간에 이것저것 얘깃거리로 그들과 대화를 나눌 수 있다. 교사가 미리 생각해 두었다가 말하는 것이다. 이런 아이들은 친구들과 어떤 말을 주고받을까?

새 학년이나 새 학기에 하는 친교 활동이 있다. 서먹한 아이들이 서로에게 친밀감을 느끼고 잘 지내도록 자신을 소개하고 친구를 이해하는 활동이다. 그중 하나가 '친구 이름 알아보기' 활동이다. 새 학년이 되었다면 이름, 좋아하는 것, 이전 학년의 반 등을 소개해 본다. 2학기 때에는 방학 동안 즐거웠던 일, 여행 갔던 곳 등을 적는 학습지를 주고 교실을 다니며 우리 반 친구들에게 묻고 답하며 알아보는 시간을 갖는다.

한 학기가 지나도록 반 아이들의 이름을 모르는 경우가 생각보다 많다. 저학년은 친구 이름을 잘못 쓰는 경우도 있다. 예를 들어 '정윤희'인데 '정윤히'로 적는다. 고학년은 친구의 이름을 아예 모르기도 한다. 아이들이 다른 것에 관심이 없기 때문이기도 하지만, 잘 어울리는 친구가 아니면 서로에게 가벼운 인사조차 하지 않기 때문이다.

마셜은 『비폭력대화』에서 "비폭력대화의 가장 중요한 쓰임새는 자기 연민을 기르는 데 있다."고 말했다. 간혹 실수로 아이의 이름을 잘못 불렀을 때, 아이들은 실망하거나 자신의 이름을 정확하게 또박또박 짚어 줄 때가 있다. 이럴 때 당황하기도 하고 미안한 마음이 든다. 그리고 아이들이 정확히 말해 달라고 하는 그 마음이 이해가 되어 사과하고 이름을 다시 잘 불러 준다. 자신의 이름이 잘 불리기를 원하고, 자신을 알아봐 주는 친구들이 있기를 원하는 자기 연민의 마음이 아이들에게 있음을 이해하는 것이 비폭력대화를 하는 이유이다.

이름 알기 활동을 몇 번 하고 그 친구와 대화를 나누는 것이 아이들 수준에서 사회성 활동이다. 저학년 아이 중에 "누구랑, 누구랑 말해 봤어."라고 이야기하는 아이를 보면 그 친구는 사회성이 좋은 편이다. 고학년은 "응, 누구랑 이따 놀기로 했어."라고 한다면 아이가 잘 지내는지 걱정할 필요가 없다.

"너, 이름이 뭐야?"

"너 뭐 좋아해?"

"오늘 놀 수 있어?"

아이들은 이렇게 말하고 듣는 과정을 통해 연결이 된다. 서로에게 다가가는 방법을 모르는 경우라면 이것부터 시작하면 된다.

비폭력대화를 공부하는 많은 교사들이 이렇게 말한다.

"공부하면 할수록 나를 알아가는 것 같아요."

그런 이유로 교과목 수업시간, 창의적 체험활동 시간, 아침 활동 시간을 할애해 아이들에게 비폭력대화를 부단히 가르치는지도 모른다.

그러나 아이들에게 4요소(관찰-느낌-욕구-부탁)를 가르치는 것은 쉬운 일이 아니다. 처음부터 난관에 부딪친다. 아이들에게 '관찰'을 가르치는 것이 무엇보다 어렵다. 저학년은 있는 사실을 그대로 말하는 거라고 가르치면 잘 따라오는 편이지만, 고학년은 상대가 한 말과 행동을 정확히 표현하기보다는 그때 자신이 느낀 감정을 먼저 말하고 상대의 행동을 판단하여 말하는 경우가 많다. 그리고 아이들은 관찰보다 자신의 느낌, 상대에 대한 자기 생각을 말하며 자기 잘못에 대해 변명하듯 말을 길게 하기도 한다.

저학년을 가르칠 때는 비폭력대화를 상징하는 동물을 '기린'으로 가르치고, '비폭력'이라는 용어 대신에 '기린말'로 가르친다. 아이들은 기린말을 배우면서 관찰한 대로 말하고 느낌을 찾는 과정만으로도 교실에서 많은 갈등과 어려움을 해결하면서 지낸다. 거기다가 욕구(바람)까지 간다면 문제 해결이 금방 이루어진다.

그런데 "네가 나한테 뭐라고 했잖아. 그때 속상하고 짜증 났어."라고 말하는 상황에서 아이들은 이런 말을 하거나 들을 때 부정적 감정을 굉장히 불편해하면서 듣고 싶어하지 않는다. 그래서 문제 상황이 생기고 해결하지 못하는 감정을 서로 주체하지 못하기도 한다.

우선 문제 상황에서 오간 대화(솔직하게 말하기, 공감하며 듣기)를 떠올려 말하도록 한다. 문제 상황에서 자신이 했던 말을 상대의 목소리로 들으면서 상대가 얼굴을 찌푸리고 목소리 톤이 올라가는 걸 느낀다. 자신의 말에 친구가 느꼈을 감정을 알게 되고 그 친구가 원하는 바를 알게 된다.

아이들과 교사가 비폭력대화를 마음껏 쓰기를 바란다. 그러나 생각대로 하지 못했을 때 죄책감이 들거나, 좋은 말을 하지 않았다는 생각에 가슴이 쓰릴지도 모른다. 혹시 비폭력대화가 준비되어 있지 않다면 하지 않아도 된다. 이런 점을 알면 마음이 한결 가벼워진다.

다시 한번 생각하면서 아이들에게 물어보자.

"대화를 왜 하지?"

"알고 싶어서요."

"무엇을 알고 싶어?"

"지금 뭐 하고 싶은지 알고 싶어요."

"그냥요."

"누가 질문하면 모두 대답해야 할까?"

"음…. 아뇨."

따스한 연결을 위해 비폭력대화를 해야 한다고 생각하면 잘 안 될 때 자책하는 마음이 든다. 교사이기 때문에 더욱 그렇다. 그러나 필자가 연습하면서 느낀 것이 있다. 비폭력대화는 정말 들을 준비가 잘 되어 있을 때 가능하고 효과가 있으며, 그래야 '부탁'까지 갈 수 있다. 서로 다툰 뒤 친구의 말이 안 들렸던 아이가 마음을 가라앉힌 뒤에 들을 준비가 되었을 때 다시 듣고는 "미안해!"라고 했듯이, 우리 교사들도 들을 준비가 되어 있을 때 하면 된다.

대화란 무엇인가? 말을 하고 듣는 과정이다.

아이들이 스스로 관찰하고 느끼기 시작할 때

마셜은 비폭력대화를 '연민의 대화'라고 말하며 '연결'을 매우 중요하게 생각한다. '대화'란 국어사전에서 "서로 마주하여 이야기를 주고받음"이라는 뜻으로, 쌍방향성을 지닌다. 무작정 주고받는 것이 아니라는 말이다. 말하기는 대부분이 언어로 이루어진 듯 보이지만, 말하는 상황에 놓인 사람들 간의 연결을 통한 주고받음이다. 몸짓, 표정, 행동, 그리고 그때 느낀 다양한 감정까지가 모두 말하기이다. 단지 비폭력대화의 네 가지 요소를 순서대로 말한다고 해서 대화가 된다고 볼 수 없다.

교실에서 아이들과 생활하다 보면 정말이지 아이들은 대단한 '스펀지' 같다. 비폭력대화를 막 시작하여 연습이 부족했던 초보 시절, 어버버버하면서 아이들에게 겨우 '기린말'의 4단계를 가르쳤을 때의 일이다.

- 관찰: "내가 ~를(을) 보았을(들었을) 때"
- 느낌: "나는 ~하게 느낀다."
- 욕구/필요: "나는 ~가(이) 필요(중요)하기 때문에…."
- 부탁: "내가 이렇게 말할 때 너는 어떻게 느끼니(생각하니)?", "~를(을) 해줄 수 있겠니?"

아이들에게 잠시 알려줬을 뿐인데 쉬는 시간에 자기들끼리 배운 내용으로 대화를 나눴다. 역시 청출어람이라고 했던가!

"그건 느낌이 아니라 생각이야."

"네가 나한테 '최고'라고 해서 기뻐."

한번은 둘째 아이와 피젯 스피너라는 작은 장난감을 색칠하는 코너에서 체험활동을 했다. 다섯 살쯤 되어 보이는 여자아이가 사인펜 뚜껑을 열어 색칠하고 책상에 두고 다른 색을 꺼내 칠하기를 반복하고 있었다. 그런데 젊은 할머니로 보이는 분이 아이의 등짝을 휘갈기며 "왜, 다 꺼내 놓고 지랄이야."라고 말했다.

너무 놀란 둘째는 나를 쳐다보고 나도 놀라 그분을 쳐다보니 머쓱한 표정을 지어 보였다. 그보다 놀라운 건 아이의 아무렇지도 않은 태도였다. 아무 일 없다는 듯 그저 사인펜 뚜껑을 열어 계속 색칠을 했다.

말하기의 중요성을 가르치는 시간에 나는 종종 이 이야기를 한다. 이 이야기를 들은 저학년 아이들은 이렇게 말한다.

"선생님, 할머니 나빠요."

"아이가 불쌍해요."

고학년 아이들은 이렇게 반응한다.

"나빴네."

"헐, 정말요?"

"대박."

만약 그 아이가 그때와 비슷한 언어 환경에 지속적으로 노출된다면 폭력에 대한 민감도가 떨어질 가능성이 크다. 그 이야기를 들은 반 아이들도 막상 그런 상황을 맞닥뜨렸을 때 어떻게 해야 하는지 잘 모를 것이다. 아이들이 접하는 말이 폭력 언어인지 아닌지 판단하기 전에 이미 들어와 있다면 이제 바꿔 줘야 한다.

아이들이 말하고 듣는 상황에서 그것이 폭력적인지 아닌지를 구분할 줄 알고, 비폭력대화를 말하는 4단계를 거치며 자기 감정을 말하거나 상대의 감정을 듣다 보면 감정이 쑤욱 내려가는 경험을 할 수 있다. 그때 자신이 존중받고 있는 줄 알게 된다.

마음의 소리가 밖으로 나와 말이 되듯이, 비폭력대화의 따뜻한 연결이 아이들로 하여금 서로를 관찰하고 마음으로 이어지게 한다. 대부분의 학교폭력은 사소한 것에서 시작된다.

아이들이 전혀 모르는 친구를 괴롭히거나 때리는 경우는 드물다. 얼굴을 알거나 몇 마디 나눴던 친구, 전에 같은 반이었는데 나의 마음을 상하게 한 친구를 괴롭힌다. 같은 반 아이에게 상처를 받거나 옆자리에 앉은 친구가 내 마음을 몰라 줄 때, 나와 놀지 않을 때 등 기분이 상했을 때 문제행동을 한다. 특히 장난을 하다가 갈등이 많이 일어난다. 아이들에게도 서로 받아주는 장난의 정도에 대한 합의는 있다. 가위바위보를 해서 이긴 사람이 진 사람을 한 대 때리는 것은 아이들 사이에서 어느 정도 합의된 장난이다. 물론 시작과 다르게 점차 변질되고 합의를 넘어서는 경우도 적잖다.

서로 실내화를 벗기고 복도에 나가 던지고 받기를 하는 아이들이 있다고 해보자. 상대가 싫다고 표현해도 실내화를 벗기고, 자신이 던진 실내화에 지나가던 친구가 맞아도 자신의 잘못을 인정하지 않는다. 상대방이 받은 상처를 이해하는 민감도가 떨어지고 '장난'임을 강조한다. 아무리 장난이었더라도 상대가 장난이 아니라면, 즉 서로 받아들일 만한 수준이 아니면 그때부터는 장난이 아니다.

요즘 학교 현장에서는 아이들에게 '절대 다른 사람의 몸에 손을 대면 안 된다.'라고 가르친다. 저학년부터 고학년에 이르기까지 친구가 허락할 때만 가능하다고 말하고, 같이 놀자고 할 때도 마찬가지다. 폭력의 예방 차원에서 가르치기도 하지만, 아이들 스스로 자신이 소중한 사람이며 자신의 의사를 잘 존중하도록 하고자 하는 마음에서 이렇게 지도하는 것이다.

저학년은 자기 중심적인 경향이 있다. 이러한 특징은 교사 앞에서 말할 때 매우 두드러진다. 다른 친구가 교사와 얘기하고 있어도 옆에 와서 자기 얘기를 하는 아이가 있다. 그럴 때는 "○○아."라고 아이의 이름을 먼저 부른다. "선생님이 ○○이와 얘기를 나누고 있으니 잠깐 기다려 줄래?"라고 말하거나, 오래 걸릴 것 같으면 "다음 쉬는 시간에 와

줄래?"라고 말한다.

이렇게 말하면 자기 문제가 중요한 아이는 다음 시간에 찾아오지만, 잠깐 자기 감정을 어떻게 해야 할지 몰랐던 친구는 자신이 무엇을 말했는지 잊어버린다. 후자의 아이는 교사가 불러서 물어도 잊어버렸다고 말한다. 다만 아이의 문제가 가벼워 잊었을지라도 교사는 이렇게 말해야 한다.

"응. 그래. 그럼, 생각나면 말해 줘."

교사에게 충분히 공감받은 아이는 상대에게 받아들여진 느낌을 갖게 된다.

감정을 말로 표현하기가 왜 이렇게 어렵지?

창의적 체험활동 동아리 시간에 '공감 대화부'를 운영한 적이 있다. '자신의 느낌과 욕구 알기' 수업을 진행하던 중 아이들이 이렇게 말했다.

"와, 선생님! 감정말이 이렇게 많은지 처음 알았어요."

"재미있어요!"

감정 알기가 '재미있다'니 무슨 일일까? 아이들에게 감정을 말해 보라고 하면 '기분이 좋다.', '나쁘다.', '짜증 난다.'라고 표현한다. 고학년은 기분이 좋고 나쁘다는 표현 자체를 안 하려고 부단히 애쓴다. 이처럼 아이들은 성장할수록 감정을 잘 표현하지 못한다. 그래서 "속상했어.", "당황스러웠어.", "혼란스러웠어." 등 감정을 다양하게 표현하는 아이들을 만나면 다행이라는 생각이 든다.

처음 느낌말을 접하는 아이들은 비폭력대화의 '느낌말 목록'을 아이들 전체가 돌아가며 읽는 것부터 시작한다. 연습이 더 필요하다면 아이들이 좋아하는 빙고에 느낌말을 적고 빙고게임을 해도 좋고, 상황을 제시하여 느낌을 추측해서 맞히는 게임 형식으로 연습해도 된다.

느낌말이 좀 익숙해지면 '감정 알기 수업'을 진행할 수 있다. 먼저 모둠을 구성하여 느낌말 카드(비폭력대화 공감카드게임 그로그-청소년용)를 가운데 두고 정해진 한 사람(A)이 자신의 특정 상황을 말한다. 이때 저학년은 오늘 아침에 있었던 일을, 고학년은 최근 일주일간 나에게 있었던 일을 말하면 더 효과적이다. A의 말을 들은 나머지 사람들이 "그때 이런 느낌이었니?"라고 물으며 카드를 골라 A에게 준다. A는 받은 카드 중에 한두 장을 골라 느낌을 말한다. 친구들이 골라 준 카드 외에 다른 것을 골라도 무방하다.

아이들이 "기분이 좋아요."라고 말하면 "○○이가 잘한다고 말해 줘서 기분이 좋아요."처럼 상대가 한 말을 떠올려 말하게 하거나, "어제 재훈이가 같이 놀자고 해서 기분 좋아요."처럼 누구와 언제라는 구체적인 상황을 넣어 말하게 한다. 또는 "짜증 나요."라고 말하면 "핸드폰 게임을 하기로 했는데 저만 튕겨서 짜증 났어요."처럼 세분화하여 말하면 감정을 좀 더 잘 표현할 수 있다. 이런 식으로 표현 방법을 알려 주면 기쁨, 슬픔, 놀람, 당황 등의 다양한 감정을 느끼고 표현하는 데 도움을 줄 수 있다.

비폭력대화에서 공감 연습은 다양하게 진행된다. 자기 공감부터 타인 공감까지 그 방법과 내용이 여러 각도에서 이루어진다.

"선생님, 급식 먹으러 갈 때 뒤에서 정호가 머리를 잡아당기고 신발을 밟아서 싫었어요."

이때 교사가 다음과 같이 말하면 공감이 이뤄진다.

"아, 급식 먹으러 갈 때 뒤에서 정호가 머리를 잡아당기고 신발을 밟아서 싫었구나."

그런 다음 반복하는 말을 다시 아이에게 들려 주면서, 진짜 원하는 것을 물어본다.

"그래서 불편했어? 속상했어? 혹시 짜증 났니?"

그러면 아이들은 자신이 원하는 것을 말한다.

"네, 속상하고 화났어요. 사과하고 다시 안 그러면 좋겠어요."

교사가 이제 아이에게 선택권을 줄 차례이다.

"그래, 그럼 선생님이 그 친구에게 말해 볼까? 네가 말을 할래?"

그러면 "선생님이 말해 주세요."라고 하기도 하고, "아뇨. 괜찮아요." 라고 말하기도 한다. 교사는 상황에 맞게 아이가 원하는 욕구를 상대에게 같이 이야기할 자리를 마련해 주기도 한다.

"선생님이 직접 보지는 않았는데 정호가 서현이 머리를 잡아당겼다는 얘기를 들어서 무슨 일인지 물어보려고 해. 괜찮을까?"라고 묻고 아이들이 서로에게 말하도록 한다.

"아까 네가 급식 시간에 머리카락을 잡아당겨서 속상하고 짜증 났어."까지 말하면 상대 아이는 머리카락을 잡아당긴 사실이 관찰로 들리고 그때 느껴진 느낌까지 전달받으니 할 말이 없다. 이제는 양쪽 모두 충분히 얘기했는지 확인하고 또 원하는 게 있는지 물어본다.

"그럼, 서로 원하는 것을 해줄 수 있을까?"

많은 교사들이 문제를 판결해야 하는 위치에 서 있다 보니 급한 마음에 어느 한쪽에게 사과하라고 말하는 경우가 있다. 사과받고 싶은 아이는 아직 마음이 풀리지 않았고, 사과해야 하는 아이는 진심어린 사과보다 교사가 시켜서 사과를 한다. 그런데 이런 일을 여러 번 겪은 아이들은 어떻게 해야 상황이 빨리 종료되는지를 안다. 자신의 감정을 수용받아 본 경험이 적은 아이들은 진심 없이 "미안해, 미안해, 미안해. 이제 됐지?"라고 말한다. 장난을 건 아이는 사과를 했으니 할 것은 다 했다는 식으로 인식해서 결국 서로에게 감정의 앙금만 남게 된다. 그러면 사과를 받는 아이는 한 번 더 상처를 받는다. 그러니 자신의 감정을 솔직하게 말하는 방법(관찰로 말하기)을 아이들에게 지속적으로 알려 주는 것이 필요하다.

어른들은 아이들에게 '입장 바꿔 생각하기'를 강요한다. 그러나 어느 누구도 다른 사람의 입장에 서지 못한다. 다 각자의 입장이 있기 때문이다. 상대가 내 마음 같다면 작은 갈등조차 없을 것이다. 그러므로 자신의 진실을 솔직하게 말하는 연습만이 갈등을 최소화하는 방법이다.

"네가 욕해서 나는 정말 속상하고 화났어."

"네가 내 연필을 가져가서 돌려주지 않으니 짜증 났어."

"네가 다른 친구랑 화장실에 같이 가는 걸 보고 좀 당황했어."

"네 자리에 있던 쓰레기를 내 의자 밑으로 보내는 걸 보고 약 올랐어."

"오늘 엄마가 병원 가신다고 하는 게 떠올라서 걱정되었어요."

자신의 감정을 말로 연습하면 갈등 상황이 줄어든다. 느낌을 표현할 때는 뜻이 모호하거나 추상적인 말보다 구체적인 느낌의 낱말을 사용하는 것이 도움이 된다.

국어, 도덕 시간에도 감정을 다루는 수업을 한다. 몇 가지 감정을 인지적으로 가르치고, 상대방의 감정을 말, 행동, 표정으로 짐작하는 활동이다. 이에 '내 감정 알아보기'를 했다면 비폭력대화로 솔직하게 표현하는 활동을 할 수 있다.

아이들의 숨은 감정과 욕구를 살펴보는 활동 중 하나로 '상대 욕구 찾아보기'라는 활동이 있다.

"선생님, 이번에 자리 바꿀 때 앉고 싶은 사람이랑 앉으면 안 돼요?"

이렇게 물어오면 교사는 선뜻 "응.", "안 돼." 혹은 "어쩌지?"라고 말한다. 그러나 말하기 전에 아이 안에 있는 욕구를 먼저 들여다본다.

'아이가 원하는 것은 무엇일까?'

자신이 앉고 싶은 사람과 같이 앉아서 마음이 편안해지는 것을 원하거나 어떤 친구와 친밀감을 원하는 등 욕구가 다양할 것이다. 교사는 이를 알아차려야 한다.

"아, 그래. 그렇구나. 자리 바꿀 때 앉고 싶은 사람이랑 앉고 싶구나."

감정을 표현하면서 교사의 감정과 욕구를 알려 줄 수도 있다.

"혹시 선생님 얘기를 들어 볼래? 선생님은 자리 바꿀 때 고려하는 것이 많아. 일단 수업 시간에 방해받고 싶지 않은데, 친한 친구들끼리 앉아 소란스러우면 가르칠 때 불편함이 있어. 또 앉고 싶은 사람이 없는 친구들까지 다 잘 돌보고 싶어."

고학년의 경우, 이렇게 말하면 교사를 이해하고 잘 알아듣는다. 이런 일은 각종 현장체험학습(버스를 타고 가는 경우)을 갈 때도 어김없이 생긴다.

"같이 가고 싶은 사람이랑 모둠 하고 싶어요."

"버스에서 원하는 사람과 앉고 싶어요."

이런 요구가 이어질 때 교사는 아이들에게 말한다.

"선생님은 안전이 무엇보다 중요하고 버스를 타고 내릴 때 생각해야 하는 것들을 잘 고려하고 싶어. 지금도 원하지 않는 사람과 앉는 아이들이 있는데 이해해 줄 수 있을까?"

기본적인 자리 위치를 미리 안내하고 자리 뽑기를 해서 앉으면 아이들은 대체로 만족한다. 다만, 그때에도 원하는 것이 이루어지지 않는 아이들은 불평하기도 하지만 그건 약속한 이후의 일이므로 대개 잘 받아들인다.

궁금해서 그러는데 다시 한번 말해 줄래?

교실에서 일어나는 다양한 갈등 상황에서 하는 말 중에 대표적인 것이 있다.

"얘가 저를 무시해요."

비폭력대화 느낌말 목록 어디에도 '무시하다'라는 말이 없는데, 아이들은 자주 쓴다. 친구가 나를 봤는데 인사 안 하고 지나치는 것, 카톡을 읽씹(읽고 답하지 않는 것) 하는 것도 '무시'라고 생각한다.

갈등 상황이 생겨 교사를 찾아온 아이들은 흥분해서 자신의 현재 상황을 정확하게 전달하기가 어렵다. 저학년 아이들 중에 친구들과 대화하기 어려운 경우를 종종 본다. 이에 더해 스스로 결정하는 힘이 부족한 아이들은 자신의 의지와 상관없이 친구가 하라는 대로 하는 경우가 있다. 뿐만 아니라, 갈등 상황이 생겨 무슨 일이 있었는지 물어보면 내용을 전달하지 못한다.

갈등 때문에 교사를 찾아온 아이들에게 "무슨 일인지 말해 줄래?"라고 물어도 자신에게 있던 일을 관찰한 내용보다는 자신의 입장을 대변하면서 말하기 때문에 상황이 제대로 해결되지 않는다. 이때 교사는 먼저 갈등 상황을 물어야 한다.

"서로에게 무슨 일이 있었는지 선생님이 보거나 듣지 않아서 몰라. 그러니 무슨 일이 있었는지 말해 줄 수 있을까?"

이때 아이들이 누가 먼저 말할 것인지 결정하도록 하고 교사는 이야기를 듣는다.

"아, 그런 일이 있었다는 거야.", "재민아, 그런 일이 있었어! 그때 어땠어?"라고 교사는 감정까지 알아채는 '감정 공감하며 듣기'를 한다. 듣는 동안 상대의 말을 반복해 주는 것은 시간 낭비가 아니라 오히려 시간을 절약해 준다. 서로에게 있었던 일을 말하고 듣는 동안에 교사는 상황을 이해하고, 갈등 당사자들은 갈등 상황을 객관적으로 들을 수 있기 때문이다. 이 과정이 대부분 잘 이뤄지지만, 그렇지 않다면 대화가 가능한지 판단하여 점심시간이나 방과후시간에 얘기를 나누자고 제안해도 좋다. "지금 뭐라고 말한 거야? 다시 말해 줄래?" 그동안 아이들은 자신에게 있었던 일을 객관적으로 듣고 말한다.

교사는 이 과정에서 갈등 상황이 자신의 것이 아닌 갈등 당사자들의 것임을 꼭 기억해야 한다. '저들의 감정은 내 것이 아니라 그들의 것'이라는 점, '내 감정을 잘 공감할 것'이라는 점을 기억해야 한다.

얼마 전 아는 교사에게 연락이 왔다.

"선생님, 우리 반에 등교를 거부하는 아이가 있어요. 어떻게 하면 될까요?"

부모, 관리자, 위클래스 상담사, 교육청 관계자 등은 모두 만나 보았고, 문제를 해결하려고 다각도로 노력했지만 뾰족한 수가 없어 답답하다는 얘기였다.

등교를 거부하는 아이는 1학년 여자아이였다. 남자아이가 교실에서 시끄럽게 하고 자기에게 뭐라고 하는 것 같아 학교에 가지 않겠다고 했다. 남자아이가 "야, 너 왜 그러냐?"라는 말에 아이는 속상했고, 다음날 화가 난 아버지가 교실로 찾아와 상대 아이에게 사과하도록 했다. 그런데 그 일이 있은 후 아이가 등교를 거부하기 시작했다. 난감해진 부모가 아이를 현관까지 데려다줬지만 아이는 교실에 들어가지 않고 복도에 앉아 있다가 사라졌다. 결국 아이를 찾아다니는 일까지 생겼다. 안전사고에 대한 걱정이 이만저만 아닌데 교사로서 할 수 있는 일이 없어 난감했다.

"유빈아, 선생님은 네가 학교에 잘 오면 좋겠어. 기다리고 있을게."라고 전화로 말하는 것 외에 다른 방법이 없었다. 아버지가 교실에 온 날 이후로 아이가 마음을 닫은 듯했다. 감정적으로 흥분한 아버지가 남자 친구에게 했던 말을 들었을 때 유빈이 마음은 어땠을까? 유빈이는 자신의 감정은 알아주지 않고 교실에서 폭력적으로 해결하려든 아버지 때문에 교실에 들어갈 수 없었다.

유빈이 아버지는 아이를 다그쳐서라도 학교에 가기를 원했고, 어머니는 이런 아버지가 힘들었다. 여기서 중요한 사람은 유빈이었다. 유빈이가 학교에서 생긴 일을 부모에게 말했을 때 부모는 가장 힘든 사람이 자신들이 아니라 아이라는 점을 알아챘어야 했다. 감정이 수용되고 마음이 해소된 다음에 "왜 무슨 말이야? 너 나한테 왜 그래?"라고 아이 수준의 말로 물어보는 것이 좋다. 그리고 다른 아이가 말하는 것이 불편하면 자신의 마음을 말하라고 가르치면 된다. "너는 부모에게 아주 소중하니 그 친구가 그러면 안 된다."라는 말과 함께.

학교에 안 가는 것만 문제가 아니다. 학교에서 공부 시간에 발표를 못 하고 친구들과 잘 못 어울릴 때 부모는 너무 괴롭고 속상하다. 그런데 가장 괴로운 사람은 아이들 자신이다. 이를 수용하기 어려운 부모는 아이들에게 더 큰 짐을 주게 된다. 그러므로 마음이 힘들 때 친구와 대화하는 방법을 알려 주자.

"너, 나한테 그러면 안 돼. 나는 우리 집에서 아주 소중한 사람이야. 그러니까 지금 말한 거 사과해 줄래?"

"너 지금 뭐라고 그런 거야? 다시 한번 말해 줄래?"

우리는 다 알고 있다. 가정이 평안해야 아이들이 편하다는 것을. 아이들은 연과 같아서 얼레에 잘 묶여있고 바람이 살랑살랑 불 때 잘 당기고 놓아야 잘 날아간다. 많은 경우 교실에서 친구들과 문제 행동을 일으키는 아이들은 끈 떨어진 연 같다. 아이들은 그때 '얼른 저를 좀 잡아 주세요.'라는 신호를 보낸다. 이때 어른이 잘 대처해 주어야 아이들이 잘 성장해 나갈 수 있다.

'실수'는 "부주의로 잘못을 저지름 또는 말이나 행동이 예의에 어긋

남"이라는 뜻이다. 여기에는 '의도'가 없다. 이처럼 실수는 누구나 할 수 있고 그걸 어떻게 해결하느냐에 초점을 두어야 한다.

마셜은 『비폭력대화』에서 "비폭력대화에서 가장 중요한 일은 자기 자신을 대하는 방식에 비폭력대화를 적용하는 것이다. 비폭력대화는 우리가 실수했을 때 도덕주의적 자기 비판에 빠지는 대신 애도와 자기 용서를 통해 어떻게 성장할 수 있는지를 보여 준다."고 한다.

우리에게는 다른 사람의 행동이나 말에 의도가 없다면 너그러이 용서할 마음의 여유가 있다. 그리고 내가 실수로 저지른 일이라면 사과와 용서를 구할 용기도 있다. 그런데 상대가 용서할 마음의 준비가 안 되어 있다면 그 또한 용서하는 사람의 것이라는 점을 기억해야 한다.

우리 아이들은 어떤가? 자신을 때린 친구라도 사과를 하면 정말 마음이 아팠음에도 "괜찮아."라고 말하며 금방 용서한다. 마음이 참 예쁘고 너그럽다. 다만 서로에게 한 말 때문에 문제 상황이 생기거나 상대의 말에 내 감정이 상했다면 "다시 한번 말해 줄래?"라고 묻도록 지도한다. 사과하는 방법도 가르쳐 준다. 상대가 기분이 상했다면 자신의 말과 행동을 얼른 알아차리고 "미안해. 내가 했던 말 때문에 속상했니?"라고 사과하는 방법도 지도할 수 있다. "응. 내가 그러려고 말한 것은 아니야." 하고 실수나 잘못을 상대에게 알리는 것이 중요하다고 알려 준다.

아이들도 말할 수 있어야 한다.

"공부 시간에 말 시키지 마. 불편해."

"모둠활동 때 내가 한 말을 듣고 네가 할 것은 꼭 해줘. 그게 공평하잖아."

"손 씻고 물 튀기는 행동을 하지 말아 줘. 나는 기분 상하지 않고 줄 서고 싶어."

"네가 의자 빼는 바람에 넘어져서 화가 나. 그러니까 그러지 말아 줘."

비폭력대화에서는 관찰하여 있는 사실을 그대로 말하고 감정을 표현하며 욕구를 알려 부탁까지 말할 수 있다. 그러면서 아이들의 말을 듣고 다시 물으면서 자신이 원하는 것을 분명히 확인할 수 있다. 또 친구가 했던 말을 들을 때 '내가 이 말을 왜 들어야 하지?'라고 알아차려 "지금 뭐라고 말한 거야? 궁금해서 그러는데 다시 한번 말해 줄래?"라고 말할 수 있다. 자신의 마음이 어떨 때 편한지, 상대가 어떻게 해주기를 원하는지 살펴보는 말이다.

자극과 반응 사이의 간격을 생각하며

다양한 모습으로 수업을 방해하는 아이들이 있다. 다른 친구를 놀리거나 때리는 아이, 훈육 과정에서 "왜 나한테만 그래요? 쟤도 그랬어요."라고 말하는 아이 등 정도의 차이는 있으나 매년 만나는 것은 변함이 없다. 몇몇은 의도를 가지고 다른 사람을 괴롭히는 아이도 있지만 대부분은 아이 수준에서 장난인 경우가 많다. 이때 일어나는 일련의 일들은 교사와 대화하거나 학급 규칙으로 배우며 점차 나아지지만, 심각한 경우에는 학교폭력 사안이 되기도 한다.

하루는 이찬이가 나를 찾아와서 말했다.
"선생님, 민준이가 자꾸 쫓아와요."
무슨 일인지 알아보려고 민준이에게 물었다.

“지민이가 너 때리래.”

“응? 무슨 일로 이찬이를 때리라고 했어?”

놀란 얼굴로 물어보자 민준이가 말한다.

“몰라요.”

교사에게 찾아온 이찬이도, 지민이의 말을 듣고 쫓아가서 때리려고 하던 민준이도 왜 그런지 몰랐다. 이런 경우가 종종 있다. 아직 자신의 행동을 판단하지 못한 채 아무 생각 없이 다른 친구를 따라하기 때문이다.

고학년은 어떨까? 고학년의 경우 160cm에 이르는 아이들이 상당수이고, 170cm가 넘는 아이도 쉽게 눈에 띈다. 그런 아이들이 밀치고 넘어지면 자칫 안전사고가 일어나기도 한다. 그런데 아이들은 아직 자신에 대해 잘 모른다.

나는 이찬이와 민준이에게 번갈아가며 말했다.

“이찬아, 민준이가 쫓아오면 도망가기 전에 물어봐. ‘민준아, 왜 따라와?’ 하고.”

“민준아, 지민이가 이찬이 때리라고 그러면 물어봐. ‘지민아, 이찬이를 왜 때려야 해?’라고 말하렴.”

아이들이 이렇게 서로 묻고 대답하다 보면 쫓아갈 이유도 없고 때릴 이유도 사라진다. 교실에 폭력 성향을 가진 아이가 한 명만 있어도 학급 운영이 매우 힘들다. 각종 분란을 일으키며 자신의 잘못은 없고 다른 친구들의 잘못으로 공격하기 때문이다. 게다가 부모까지 인정하지 않고 교사의 잘못으로 몰아가면 그 교실은 죽은 교실이 된다.

2학년 이준이는 아침 일찍 등교하여 교사의 안내대로 가방을 정리하고, 아침 활동 시간에 준비해 온 그림책을 읽는 아이이다. 수업 시간에 자기 의견을 제일 먼저 말하고 도움이 필요한 친구들을 찾아 돕는다. 순간순간 주어지는 일을 빠르게 처리한 뒤에 책을 보거나 옆 친구를 도와준다.

그런데 이준이는 수업 시간에 설명을 듣거나 친구들의 말을 들을 때 손톱을 물어뜯는다. 코로나19로 마스크를 상시 써야 하는 상황에서도 마스크 사이로 손가락을 넣고 손톱을 뜯었다. 이준이가 또 못 참는 것이 하나 있다. 다른 사람이 하는 말이 자신을 '평가'한다는 생각이 들면 참을 수 없어 했다.

그날도 자신이 알고 있던 내용과 다르게 말하는 짝꿍과 언쟁을 벌이다가 기어코 나를 찾아왔다.

"선생님, 그거 이거지요? 근데 자꾸 도현이가 시비 걸어요."

이준이의 말이 맞으면 다행이지만 자신이 잘못 알고 있다는 것을 안 순간부터가 문제다. 교사에게 그 화살이 돌아간다.

"선생님이 제 말을 안 들어 주셨잖아요!"

"그렇게 생각했구나. 이준아, 네가 하는 건 맞는데 지금 이건 다른 거야. 그리고 괜찮아."

괜찮다고 말해도 이준이는 쉽사리 넘어가지 못했다. 기어코 자신이 맞고 다른 사람이 틀린 것을 찾을 때까지 화를 쉽사리 가라앉히지 못했다. 이런 일이 있고 나면 진이 빠진다. 부모와 연락해 당시 상황을 말하고 도움을 요청하니 이전에도 비슷한 일로 담임교사에게 연락을 받은 적이 있었다. 상담을 받으며 좋아져 중지한 상태인데 또 그랬으니 잘 살펴보겠다고 했다. 이 경우 교사는 부모가 인지하고 있으며 협조자의 역할을 할 수 있다고 판단해 아이의 변화를 지켜보며 안심하고 지도해도 좋다.

이준이는 다른 친구들보다 활동을 빨리 마치고 "나 다했다."라고 말한다. 그 속내에는 '칭찬해 주세요. 저 잘했지요?'라는 마음이 있다. 그런데 교실에는 많은 아이들이 있고, 교사는 그들을 고려해야 한다. 또한 뭔가를 해내고 스스로 '괜찮다.'라고 생각하는 것도 가르쳐야 한다. 그럴 때 교사는 어떻게 말해 줘야 할까?

"응, 그래. 다했구나."라고 말한 뒤에 다른 아이들에게 "아, 아직 시간이 있으니 시간을 충분히 잘 활용하세요."라고 말하는 것도 잊지 말아야 한다. 아직 다하지 못한 아이들은 이준이의 말에 '그래서 뭐 어쩌라고?' 하고 생각하기도 한다. 그 아이들은 아직 다 하지 못해 불안하고 속상하기 때문이다.

이준이와 아이들 모두를 고려하여 이렇게 말하는 것도 좋다. "아, 이준이가 벌써 했구나. 혹시 친구 찬스가 필요한 친구들이 있는지 알아볼까?" 하고 이준이에게 새로운 제안을 한다. 이준이는 새로운 제안을 따르기도 하고, 아이들이 다할 때까지 자기 할 일을 하며 기다리는 것을 선택하기도 한다.

대화에는 말만 떼어 놓을 수 없는 상황(뉘앙스)이 있다. 이준이가 "선생님이 제 말을 안 들어 주셨잖아요."라고 말했을 때 나는 빠르게 그 아이의 욕구를 알아줬어야 했다. 그러나 그 말을 듣는 순간 머릿속이 하얘지면서 '기껏 제 말을 들어 주고 마음을 알아줬는데 다 내 탓인 양 하다니.' 하고 나는 나 자신을 잘 보호하고 싶은 마음이 앞섰다.

선생님의 말 연습

공감하는 말 되돌려 주기

"선생님이 제 말 안 들어 주셨잖아요."

❶ 선생님이 네 말을 안 들어 준 것 같아 속상했어?

❷ 선생님이 네 말 잘 들어 주기를 원하는 거야?

"걔도 그랬어요."

❶ 걔도 그랬구나.

아이는 자신의 말을 충분히 수용받고 싶었던 것뿐이다. 그 말이 틀리든 맞든 말이다. 이준이가 쉬는 시간에 아직 속상함과 흥분이 가라앉지 않는 나에게 물었다.

"선생님, 저 도블 해도 돼요?"

이 말을 듣는 순간 떠올랐다. 이준이는 기껏 아홉 살인데 '내가 뭘 하겠다고 그런 거지?' 하는 마음이 들었다.

'누군가의 공감'은 아이들에게 무엇보다 중요하다. 비폭력대화를 공부하며 교사들과 연습 모임을 하면서 제일 변화된 것이 무엇이냐고 물으면 '나 자신을 알아가게 된 것'이라고 자신 있게 말할 수 있다. 누군가를 공감하려면 먼저 자기 자신을 공감해야 한다. 비폭력대화의 가장 중요한 쓰임새는 자기 연민을 기르는 데 있다. 처음에는 교실에서 힘들었던 시간을 돌아보며 대화법을 배워 써먹겠다고 생각했다. 그런데 비폭력대화를 배우고 실천하면서 말 이면에 숨은 욕구, 내면의 나를 들여다보면서 나에게 중요한 것이 무엇인지 깊이 생각하는 것에 핵심이 있다는 것을 알게 되었다.

비폭력대화를 배우는 첫 시간에 들었던 "세수하듯, 밥 먹듯 연습하라."라는 말이 연습을 하면 할수록 공감이 된다.

평화로운 교실을 위해 묻고 대답하기

'**공감** 대화부' 동아리에서 '내가 듣고 싶은 말, 듣기 싫은 말'을 적어 보라고 했다.

〈듣고 싶은 말〉

"고마워"

"나랑 같이 놀래?"

"잘했어."

"너 멋져."

〈듣기 싫은 말〉

"너 때문이야."

"꺼져."

"너랑 안 놀아."

학년에 상관없이 "나랑 같이 놀래?"가 공통으로 나온다. 이처럼 아이들의 마음에는 '함께 어울리고 싶은 마음'이 있다. 마셜은 『비폭력대화』에서 "사람들은 흔히 공감을 먼저 받고 나면 다른 사람이 하는 말을 들을 수 있게 된다."고 말했다. 누군가에게 내 말을 하고 상대가 내 말을 듣고 동의하는 과정이 아이들 수준에서 '같이 놀자'이다.

아이들은 학교에 오면서 무슨 생각을 할까? 아이들이 생각하는 편안한 교실은 어떤 곳일까? 아이들은 어떤 교실에 있고 싶을까?

학생 자치가 강조되는 요즘, 아이들과 다양한 사안을 의논한다. 아이들은 "앉고 싶은 애들끼리 같이 앉고 싶어요.", "모둠 구성을 하고 싶은 친구랑 할래요."라는 의견을 많이 낸다. 어떤 아이들은 교사의 의견에 "그렇게 합시다."라고 말하기도 한다. 아마 교사가 동료처럼 느껴지는 모양이다. 교사는 아이들의 의견을 적극 수용하려고 노력하지만, 교사는 교사로서 해야 하는 것과 하지 말아야 하는 것, 그리고 아이들에게 가르쳐 줄 태도에 대한 명확한 소신이 필요하다.

"선생님 이야기 좀 들어 볼래?"

"그래 좋아. 나도 너희 의견에 찬성해. 그런데 선생님은 우리 반을 잘 이끌고 우리 반 친구들이 편안하게 느끼도록 하고 싶은 마음이 있고 잘 돌보고 싶어. 내 얘기 들어 보니 어때?"

이와 같이 말하면 "이렇게 해라. 저렇게 해라.", "그건 안 돼."라고 말할 때보다 시간은 좀 더 들지만, 아이들은 공감을 받았다고 느낀다. 동시에 확산적인 사고까지 하면서 다른 사안을 결정할 때도 선생님이 생각하는 중요한 욕구를 고려한다.

아이들은 체육 시간에 피구 하자는 말을 많이 한다. 피구는 체육 교과의 '피하기형' 놀이의 한 형태로, 규칙이 단순하며 준비와 정리도 쉬워서 아이들이 가장 좋아하는 놀이다. 공을 잘 던지든 받든, 잘 피하든 피구를 싫어하는 아이는 찾아보기 힘들다. 그런데 피구를 하다 보면 승부욕에 불타올라 상대를 비난, 평가, 심지어 욕을 하는 아이가 있어 문제 상황이 생기기도 한다.

"시우가 저한테 못한다고 해서 속상해요."

"공 못 잡았다고 저더러 멍청하대요."

몸이 날렵하고 운동 기능이 우수한 아이들에게 체육 시간은 즐겁다. 여기에 승부욕까지 있다면 체육 시간에 두각을 나타내는 것은 당연지사이다. 그런데 이런 친구들은 이기고 싶은 마음이 너무 커서 다른 아이들이 공을 놓쳤거나 피했다는 이유로 소리를 치는 등 쉽게 흥분한다. 그러다 보면 서로 상처를 입히는 경우가 종종 있다. 이럴 때 교사는 누구의 편에도 서기 어렵다. 게다가 심판 역할을 맡은 교사에게도 함부로 하는 아이가 있으면 상황은 더 감정적으로 흘러가기 쉽다.

교사로서 내가 원하는 교실은 서로를 잘 수용하는 교실이다. 아이들이 다양한 상황에서 안전하다고 느끼는 교실 환경과 교우 관계, 교사와의 관계에서 '내가 하는 행동을 잘 받아 줄 것이다.'라는 믿음이 있는 교실이다. 가령 피구를 하면서 생기는 여러 가지 문제로 아무도 상처받지 않기를 바란다. 혹 실수가 있다면 서로 잘 보듬고 수용받기를 원하며, 그것이 가능한 교실에서 안전하게 가르치고 싶은 게 교사의 마음이다. 그러나 교사는 늘 생각지도 못한 일들을 만난다. 그럴 때 아이들은 담임교사의 영향을 받는다. 교사가 아무 일 없다는 듯 대수롭지 않게 문제 상황을 보면 아이들도 그렇게 한다.

저학년을 가르치다 보면 가정의 보살핌이 덜해 교사의 손길이 더 필요한 아이들이 있다. 옷을 거꾸로 입었거나, 자고 일어나 머리 손질을 하지 못하고 오는 경우도 있다. 그럴 때 아이에게 다가가 살짝 "화장실 다녀오렴." 하고 말하면 아이와 교사 둘만의 비밀이 생긴다. 그러고서 교사는 아무 일 없다는 듯 수업을 하면 된다. 그래서 관찰이 참 중요하다. 간혹 다른 친구들이 먼저 발견할 때도 있다. "야, 너 옷 거꾸로 입었어."라는 말을 들었을 때 무던한 성격의 아이면 문제가 안 되지만, 그렇지 않으면 부끄러운 마음에 속상하고 수치심을 느껴 그날 학습에도 영향을 받는다.

그래서 교사가 아이들을 빨리 잘 관찰하는 것이 좋다. 그리고 그것이 실수든 부족한 점이든 아이가 부끄럽지 않게 살짝 말하는 것이 포인트이다. 일명 살짝 말하는 대화법이다. 이건 특별한 방법이 아니다. 배우지 않아도 아는 일종의 에티켓이다. 이렇게 하려면 아이들을 잘 관찰하고 살피는 것이 매우 중요하다.

요즘 제일 관심을 두고 있는 것은 무엇보다도 '교사의 행복'이다. 교사들은 교육 현장에서 마음의 평정을 유지하기 위해 시간을 들여 다양한 것을 시도한다. 비폭력대화법 공부하기, 다양한 인문 서적 읽기, 명상하기 등 교실 붕괴 없이 아이들에게 좋은 교사가 되기 위해 부단히 애쓴다. 교사 자신의 행복은 평화로운 교실을 만들기 위한 필수 요소이다.

아이들이 편안하게 학교생활을 하려면 무엇보다 교실이 편안해야 한다. 그러나 많은 아이가 교실에서 일어나는 여러 일로 힘들어한다. 그중 적지 않은 아이들이 주변 친구들의 말과 행동 때문에 스트레스를 받는다. 주변 친구들 때문에 학교에 가기 힘들다는 아이들이 많이 있다. 그런 이야기를 들을 때마다 정말인가 싶지만, 막상 교실에서 보면 아이들 중 몇몇이 수업을 방해하고 친구들을 교묘하게 괴롭힌다. 그런 것들을 중재하다가 도리어 교사가 아동학대로 신고되는 경우가 있다. 심각한 경우 담임이 교체되고, 부모의 민원에 시달리는 등 힘들어하고 악화되다가 죽음에 이르기도 한다. 더 이상 교실은 행복하지 않은 공간이 된다. 그러다 보면 다수의 선량한 아이들이 피해를 보고, 제대로 된 교육이 이어지지 못한다.

특히, 자신에게 관심을 두지 않고 다른 것에만 관심이 있는 아이들이 있다. 그들은 지나치게 친구들을 놀리고, 치고, 도망간다. 그러한 행동은 자신을 드러내는 방법이며, 자기 행동에 반응하는 다른 친구들과 이러한 행동을 반복한다.

이제 아이들이 서로에게 묻고 답하며 평화로운 교실 만들기를 지속적으로 함께 해야 한다.

"너, 지금 뭐 하고 싶어?"

"무슨 말이 듣고 싶어?"

"지금 네가 하는 거 하지 않으면 좋겠는데, 어때?"

"하지 말아 줘. 네가 공부 시간에 말하니까 불편하고 짜증 나."

아이들도 자신의 이야기를 말하고 서로 들어 줘야 한다.

5장

부모에게 어떻게 말해 줘야 할까?

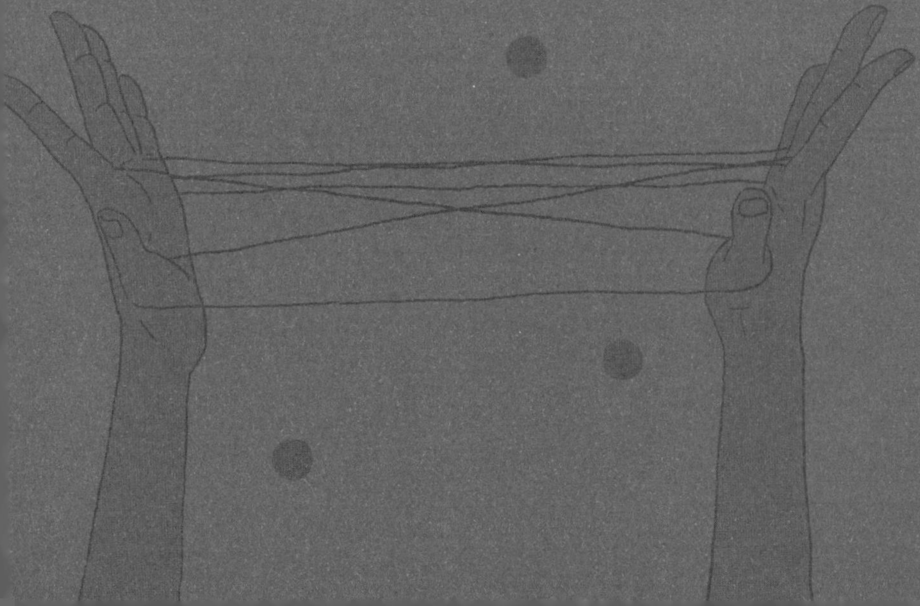

어른으로서 아이를 사랑으로 대하고
마음을 헤아리며

누구를 위한 상담인가?

옆반 선생님이 묻는다.

“상담 몇 명 신청했어요? 우리 반은 25명 신청했어. 그런데 무슨 말을 하지? 학기초라 아이들 파악도 다 안 됐는데 말이야.”

옆에 있던 부장 선생님이 거든다.

“주로 얘기를 들어야지 뭐. 애들을 아직 잘 모르니…”

상담을 위해 시간과 마음을 얼마나 할애할 수 있을까? 어떻게 상담해야 하는지 막연한 걱정이 앞선다. 당장 눈앞에서 스무 명 이상의 부모와 만나는 일은 참으로 쉽지 않다.

교사가 공식적으로 부모를 만나는 부모 상담주간은 매년 3월과 9월에 대면, 전화, 우편 등 다양한 방법으로 이뤄진다. 상담 내용은 주로 학업이나 진로 등 학생의 성장과 교우관계이다. 부모 상담은 담임교사에게 매우 중요한 업무이기 때문에 시간을 많이 할애한다. 정규 수업이 끝나고 퇴근 시간까지, 경우에 따라 저녁 시간을 활용해도 늘 시간이 빠듯하다. 학교에서 준 예시대로 상담 시간을 조정해서 짜면 짧게는 약 10분 동안 그저 인사말 정도의 대화로 그치는 경우가 대부분이고 몇 마디라도 더하면 다음 상담자에게 피해가 되니 서로 불편하기는 마찬가지이다.

"오늘 상담 신청해 주셔서 고맙습니다. 새 학년(새 학기)이 되고 이제 3주 정도 되었으니 제가 교실에서 본 ○○이에 대해 말씀드릴게요. 그리고 ○○이의 평소 모습이나 학년이 올라가면서 아이와 나눈 이야기가 있으시다면 제게 알려 주시는 방법으로 상담을 진행하겠습니다."

이렇게 상담을 시작하면 부모의 성향, 자녀에 대한 관여도를 알 수 있다. 또한 부모들은 이전 교사들에게 들은 여러 가지를 얘기하고, 그러다 보면 교사가 묻지 않은 것도 말한다. 그리고 잘 부탁드린다는 당부와 감사로 순조롭게 상담이 이뤄진다. 비폭력대화를 배우지 않았을 때도 상담하는 데 큰 문제는 없었다. 그러나 부모가 교사를 신뢰하는지, 아이들과의 관계가 어떠한지를 아는 것에는 미치지 못하였다. 그리고 문제 상황이 발생하여 상담할 때 어려움이 더 많았다.

학교에서 제시하는 부모 상담 주간을 살펴보며 상담 계획을 세운다. 그리고 약 2주간 하루에 약 3명의 부모와 30분~1시간 정도의 상담을 할 수 있도록 부모에게 상담 시간을 안내한다. 상담을 하기 전에 미리 어떤 내용을 상담하고 싶은지 안내 자료를 보내 부모가 중요시하는 부분과 요즘 고민이나 관심에 관해 미리 받아서 그 자료를 토대로 상담을 진행한다.

대면으로 이뤄지는 상담에서는 비폭력대화의 느낌과 욕구 목록을 제시하면서 부모와 이야기를 나눈다. 앞서 부모가 써낸 내용이 상담을 하면서 더욱 구체화된다.

예를 들어, "우리 아이가 바르게 컸으면 좋겠어요." 혹은 "인성이 바른 아이로 컸으면 좋겠어요."라고 쓴 부모는 자녀의 바른 성장에 관심이 있으니 이때 담임교사도 그 취지와 내용을 잘 이해하고 있어야 한다. 아이의 성향 및 태도를 한 번 더 생각해 둘 필요가 있다. 학기초라 아이를 긴 시간 동안 보지 못했더라도 평소에 교사를 대하는 태도, 수업 자세, 친구들과 노는 모습을 관찰해 두면 부모와 이야기를 이어가는 데 무리가 없다.

"행복했으면 좋겠어요."라고 쓴 부모라면 더 잘 살펴보아야 한다. 혹시 자녀에게 바라는 것이 아니라 더러 부모 본인에게 바라는 것인 경우가 있으니 유의해야 한다. 이때에는 담임교사가 자녀의 건강한 학교생활을 위해 묻는 것이니 부모의 현재 상황 등에 대해 솔직하게 이야기해 달라고 말할 필요가 있다. 현재 가정 상황(부모의 이혼, 별거, 가족 불화, 경제적 어려움, 건강 상태 등)이 자녀 성장과 학교생활에 미치는 영향이 큰데, 부모는 이를 모르는 경우가 많다. 설사 부모가 알고 있더라도 해결할 수 없기 때문에, 학교에서만이라도 아이가 마음 편히 지내기를 바란다는 교사의 욕구를 제시하면서 부모와의 신뢰 관계를 만든다. 정말로 아이가 행복하기만을 바라는 부모가 있다는 점도 염두해 두면서 상황에 맞게 상담한다.

부모가 "건강하게 자라기를 바라요."라고 썼다면(한 반에 2~3명 정도의 응답) 이 경우는 좀 더 자세히 물어보는 것이 좋다. 왜냐하면 자녀가 어릴 때 많이 아팠거나 지금도 아픈 곳이 있어 의료적 돌봄이 꼭 필요하다면, 이는 담임교사가 반드시 알아야 할 중요한 사안이기 때문이다.

대면 상담은 부모가 교실에 와서 대화를 주고받는 형식으로 이뤄지기에 서로 조심하는 분위기이다. 그런데 전화나 메신저로 상담할 때는 간혹 의도와 다르게 해석되므로 부모 의견을 '공감'으로 듣는다. 또는 부모의 말을 그대로 "이렇게 말씀하신 거죠?"라고 되물으며 들은 것을 잘 메모한다. 대면 상담에서는 교사의 책상보다 학생용 책상을 가운데 두거나 책상 없이 마주 앉아 상담하기를 권한다. 교사용 책상을 사이에 두고 앉으면 권위적인 모습으로 비춰질 가능성이 있기 때문이다.

정기적인 상담은 시간적 제약이 있지만, 교사와 부모에게 적당한 긴장감 속에서 이뤄지고 내용도 알차서 아이가 학교생활을 잘하도록 도와주는 힘을 준다. 1학기 3월에 상담을 충분히 하여 부모가 담임교사의 가치관과 교육철학을 이해한 후 서로에게 신뢰가 쌓이면, 2학기 9월 상담은 잘 지내시냐는 안부부터 묻는다. 교사와 상담한 후로 있었던 아이와 가정의 변화에 대한 감사로 시작하는 경우를 주변에서 많이 본다.

간혹 상담 중에 부모로부터 "어떤 문제가 생기면 따끔하게 야단쳐 주세요."라는 말을 듣는데 이건 정말 조심해야 한다. 부모가 말하는 '문제 상황'이 어떤 것인지 정확히 모르고, 지극히 주관적일 수 있기 때문이다. 어떤 상황이 생길지 전혀 예측할 수 없으니 이럴 경우 정중히 말한다. 그리고 자녀와 관련된 훈육은 부모가 하기를 권한다.

"저는 아이들이 평화롭고 안전하게 학교생활을 하기를 원합니다."

이때 저학년 부모라면 학교생활을 하나하나 세세히 알려 주면 좋다.

"학교에서 지도 방법은 이렇습니다. 먼저 의자에 바르게 앉기(엉덩이는 뒤로 보내고 등받이에 등을 대고 반듯하게 앉아 양발을 모으고 손은 가볍게 무릎이나 책상 위에 올려 둔다.)를 지도합니다. 줄서기와 이동하기(양발을 적당히 벌리고 앞사람과 좁은 간격으로 팔을 뻗어 닿지 않을 정도의 거리에 서고, 이동할 때는 간격을 맞춰 조용히 이동한다.)도 지도합니다."

부모는 교실에서 자녀가 어떻게 행동하는지 궁금해한다. 이때 사실대로(본 대로, 들은 대로) 관찰한 그대로를 말한다. "아이가 덤벙대요. 참을성이 없어요."라는 말은 어떤 부모도 듣고 싶지 않은 말이므로, 이렇게 말한다.

"수업 종이 울리고 수업 시작할 때 교과서가 책상 위에 없어요."

"제가 설명할 때 짝꿍과 이야기를 나누는 것을 보았어요."

"줄서기 할 때 앞 친구의 발뒤꿈치를 여러 번 밟는 것을 보았어요."

"팔과 물통을 휘두르며 급식실로 이동해요."

"계단 난간을 엉덩이로 타고 내려갔어요."

이런 식으로 관찰한 대로 말하면 부모는 자신의 아이에 대해 선생님이 편견을 가졌다고 생각하지 않는다. 또한 어떤 문제가 발생하여 만났을 때도 교사가 관찰한 대로 말해 줄 거라는 믿음을 갖는다. 이런 믿음이 생기면 '우리 아이만', '이번 담임이 이상해서'라는 생각을 하지 않는다. 부모는 누구보다 아이에 대해 관심이 많기 때문에 교사가 평가 없이 관찰한 것을 듣고 싶어 한다.

부모 상담은 학년별로 다르다. 1학년은 사실 그대로를 평가 없이 전하며 부모에게 내 아이를 받아들일 시간을 준다. 2학년 이상부터는 부모가 이전 교사에게 들었던 말을 현재 담임에게 들려 줄 수 있다. 그러므로 교사는 부모에게 가정에서 본 아이의 행동에 대해 말해 달라고 하고, 반대로 학교에서 관찰한 아이에 대해서도 들려 준다.

진정으로 부탁하기 위해서는 우리가 부탁하는 목적이 무엇인지 분명하게 인식할 필요가 있다. 그 목적이 단지 상대방과 그들의 행동을 변화시키거나 자신이 하고 싶은 대로 하려는 것이라면 비폭력대화로 적절한 방법이 아니다. 비폭력대화의 목적은 솔직함과 공감을 바탕으로 인간관계를 맺는 것이다.

과거에는 "부모 상담은 누구를 위한 상담인가?"라고 물으면 부모와 아이를 위한 것이라고 말했다. 그 내용 또한 구체적이고 상세한 것을 서로에게 알려 주는 거라고 생각했다. 그러나 매년 상담을 진행하면서 알게 된 점이 있다. 상담은 부모와 아이에 대해 아는 참 중요한 과정이면서 결국 교사와 아이, 부모의 연결을 위한 신뢰 구축 프로젝트의 일환이라는 점이다.

우리들은 1학년, 부모도 1학년

초등학교 1학년은 입학 후 약 3주 동안 학교 적응기를 보낸다. 어린이집, 유치원 등 기관에 다녔지만 좀 큰 규모의 학교라는 곳에 적응하는 시기를 보내는 것이다

"아이가 1학년이면 엄마(부모)도 1학년이야."

경력 30년차 나이 지긋한 선생님께서 이제 막 신입 태를 벗은 내게 했던 말이다. 부모가 학부모가 되는 순간이 바로 아이가 초등학교에 입학하는 시기이다. 아이가 학교에 가면서부터는 많은 것들이 달라지니 부모 입장에서 긴장되기 마련이다. 학교생활을 처음하는 아이를 둔 1학년 부모는 우리 아이가 학교생활을 어떻게 해야 하고, 그 아이를 어떻게 지도해야 하는지에 대한 정보나 방법이 미숙하므로 교사의 역할이 중요하다.

비폭력대화를 접하고 공부하면서 4단계 중 제일 어려운 것이 '부탁' 이었다. 특히 다른 사람의 부탁을 거절하는 것이 다른 사람과 관계를 끊는 것으로 생각하여 잘하지 못했다. 비폭력대화에서 부탁은 강요나 명령과 구분된다. 먼저 상대가 당연히 거절할 수 있는 것이라는 점을 기억해야 한다. 내가 하는 부탁은 나의 욕구를 실현하기 위한 것이고, 상대의 거절은 그의 욕구를 충족하는 방법이다. 각자에게 서로의 욕구가 중요함을 알아야 한다.

많은 교사들이 거절하기 어려워서 부탁을 그대로 들어주다가 힘들어한다. 학생이나 부모의 부탁이라면 더욱 그러하다. 그럴 때 대처하는 방법이 있다.

"아, 이렇게 하기를 원하시는 거지요? 그런데 저에게는 다른 게 중요해서 지금은 할 수가 없습니다."

이때 나에 대한 상대의 평가나 비난을 기꺼이 받아들여야 함을 인지해야 한다. 얼마 동안 연습이 필요하다. 갑자기 한 번에 되지 않기 때문에 부단히 연습해야 한다. 나는 나의 욕구를 선택한 것임을 잊지 말아야 한다.

10년 전 일이다. 1학년을 담당하고 있었는데, 아침에 부모에게 전화가 걸려왔다.

"선생님, 안녕하세요? 우리 지훈이가 오늘 처음으로 혼자 걸어갔어요. 학교에 도착하면 알려 주세요."

등교할 때 데려다주었지만 4월이 되어서 혼자 보냈는데 걱정되니 잘

봐달라는 요청이었다. 알겠다고 대답했지만, 한편으로는 교사에게 그것까지 부탁하는 부모가 참 답답했다. 직접 데려다주든가, 자기 마음 편하자고 자신의 아이만 살펴달라는 부모가 이기적이라고 생각했다. 그때 그 부모는 교사에게 무엇을 원한 것일까? 마음의 위안을 얻고 싶었던 것이 아닐까?

우리는 상대방에게 공감하는 대신 상대를 안심시키고 조언하고 싶은 강한 충동을 느낀다. 그리고 우리의 견해나 느낌을 설명하려는 경향이 있다. 이와 달리 공감은 상대방이 하는 말에 우리의 모든 관심을 집중하는 것이다. 그리고 상대방이 자신을 충분히 표현하고 이해받았다고 느낄 수 있는 시간과 공간을 주는 것이다.

1학년을 가르치는 교사들에게 무엇보다 요구되는 것이 '관찰'이다. 1학년은 하나하나 세세히 가르쳐야 한다.

"교실에 들어와 자기 자리에 앉아. 자기 물건을 정리하고 수업 시간에 책을 펴. 화장실에 갈 때는 복도 오른쪽으로 발걸음을 사뿐히 하며 걸어. 급식 시간에는 줄을 서…."

가르칠 것이 끝이 없다. 그런데 1학년 때 배워야 할 것을 익히지 못하면 2학년으로 올라가더라도 학교생활을 잘하지 못한다.

건널목이 멀다고 아무 데에서 건너라는 부모는 없을 것이다. 이건 생명과 직결되는 안전의 문제이기 때문이다. 아주 사소한 가르침도 마찬가지다. 아이가 조금 불편한 걸 배우지 않으면 더 큰 문제 상황을 해결할 수 있는 힘을 기를 수 없기 때문이다.

급식을 먼저 먹고 놀이 활동을 하던 2학년 아이가 수업 중이던 3층 우리 반 교실에 허겁지겁 들어왔다. 자신의 교실로 착각한 모양이었다. 그 아이를 뒤쫓던 친구도 뒤이어 들어와 언니, 오빠들을 발견하고 "죄송합니다." 하고 나갔는데, 이번에는 뒷문으로 또 다른 아이가 들어왔다. 웃으며 멍하니 보고 있으니 그 아이가 물었다.

"선생님, 혼내실 거예요?"

"아니, 그럴 마음이 전혀 없는데. 너무 웃기잖아. 누구나 실수하지!"

내 말에 아이들이 와하하 함께 웃었다.

초등학교 특성상 1학년부터 6학년 아이들은 학년별로 굉장히 다르다. 신체 발달 면에서도 그렇지만 성숙도 면에서도 다양한 양상을 띤다. 그래서 교사들 중 특정 학년이 잘 맞는다고 하는 사람도 있고 저학년이 더 잘 맞는다고 하는 사람도 있다. 저학년을 담당하는 교사라면 부모와 만날 때 학교생활을 잘할 수 있도록 하기 위해서 사소한 것부터 하나하나 말하며 상담하는 것이 좋다.

먼저 1학년이라도 가정에서 스스로 일어나고, 스스로 옷을 챙겨 입은 뒤 약속된 시간에 학교에 와야 한다고 말해 준다. 무엇보다 중요한 것은 여럿이 있는 공간에서 해야 할 것과 하지 말아야 할 것을 명확히 구분하도록 지도해야 한다고 알려야 한다. 많은 부모가 아이들을 깨우고, 옷을 입혀 준다. 아이는 아직 준비할 마음이 없고 어머니만 종종걸음을 걷는다. 실제로 어머니가 다 해주면서 아이 스스로 한다고 믿는 경우도 있다. 또한 학년이 올라가 누가 봐도 혼자 할 나이인데 스스로 하지 못한다면 정말 문제다. 이때 교사는 부모에게 사안을 구체적으로 제시하면서 가정에서 연습하도록 안내한다.

특히 연습 과정이 쉽지 않고 조급한 마음에 아이를 다그칠 수 있음을 말한다. 저학년이라면 약속과 규칙을 정해 실천하는 방법으로, 고학년이라면 강요보다는 아이의 의사를 존중하여 행동이 수정되도록 이끈다. 교실에서는 스스로 학습과 생활을 해야 하므로 혼자 해본 경험이 없으면 매우 힘들다는 점을 잊지 않고 말한다.

이렇게 학년별로 아이의 상황을 관찰한 사실 그대로, 자세히 말한다.

"우리 애가 정리가 좀 안 되지요?"

"네. 책상 위에 국어, 수학, 수학 익힘이 모두 나와 있어요. 음악 시간에요."

부모도 아이들 학년이 올라갈 때마다 같이 성장해야 한다.

선생님의 말 연습

"학교에서 잘 지내기를 원하시지요? 그럼 가정에서 스스로 하도록 꾸준히 연습시켜 주세요. 일어나기, 세수하기, 옷 입기 등을 연습하면 공부 시간에 자기가 할 일을 스스로 해요."

❶ 네. 요즘 스스로 하고 있습니다.

❷ 잘 지도해 보도록 하겠습니다.

"선생님, 우리 아이 잘 부탁드립니다."

❶ 네, 저는 좋은 협력자입니다.

❷ 고맙습니다. 그렇게 말씀해 주시니 저를 믿고 계신다고 들립니다.

부모의 눈으로 "우리 애는요."

부모는 아이들이 학교에서 돌아와서 처음으로 하는 표현에 일희일비하게 된다. 아이가 학교에서 돌아오면서 "엄마, 나 진짜 속상해." 라고 말하며 울기라도 하면 마음이 찢어진다. 그리고 아이가 전하는 그 감정을 고스란히 자신의 것으로 느끼며 속상해하다가 화가 나며, 당장 문제 상황을 해결해 주거나 고쳐 주고 싶은 마음이 든다.

아이가 감정을 잘 수용받아 본 경험이 있다면 다양한 상황에서 자신의 감정을 수월하게 받아들인다. 그러나 자신의 감정을 말해 본 경험이 없거나, 부모가 대신 감정을 해결해 주었거나 힐책해 왔다면 아이는 입을 닫고 만다. 그렇게 되면 아이는 어디에서도 슬픈 감정, 우울한 내 마음을 위로받을 기회가 없다. 아이들은 즉각적이고 직관적으로 자기 감정의 수용 정도를 알게 되므로 이것을 충분히 수용받는 경험은 가정이

나 주 양육자에게서 충분히 이루어져야 한다.

체험학습에 가기 며칠 전이었다. 체험학습 장소에서 모둠별로 이동하여 활동할 것을 대비해 아이들에게 모둠을 구성하자고 말했다. 아이들이 직접 선정하고 방법을 선택하도록 하였다. 그런데 교사로서 마음이 쓰이는 몇몇 아이들이 있었다. 평소 사교적이지 않은 아이, 공부만 하는 아이, 조용히 혼자 있기를 좋아하는 아이들에게 모둠을 같이 구성하자는 친구들이 없을까 봐 내심 염려가 되었다.

그런데 아이들 몇몇이 함께 놀던 무리에서 놀이기구를 타지 못하는 아이를 빼자고 하는 일이 발생했다.

"야, 세령이 놀이기구 못 타니까 우리끼리 모둠하자."

그런데 세령이라는 아이가 그 말을 들어버렸다. 놀이기구를 타는 여부와 상관없이 같은 모둠을 해도 된다고 말해도 세령이 마음은 이미 상해 있었다. 교사의 말도 옆 친구들의 말도 전혀 들리지 않았다. 세령이는 아무것도 정하지 못한 채 하교했다. 방과 후에 교실 정리를 하고 있는데 전화벨이 울렸다.

"선생님, 모둠을 어떻게 정하신 거예요?"

세령이 어머니였다. 어머니의 말이 "선생님, 지금 제 마음이 속상해요."라고 말하는 것으로 들렸다.

마셜은 『비폭력대화』에서 "비폭력대화로 자신을 표현하는 일은 마음속 깊은 곳의 느낌과 욕구를 드러내야 하기 때문에 어렵게 느껴질 수도 있다. 하지만 다른 사람과 먼저 공감대를 형성하면 자기표현을 하기도 쉬워진다. 왜냐하면 상대방의 인간적인 면을 접하게 되고 우리 모두가 공유하는 공통점을 알게 되기 때문이다."라고 말했다.

"네, 어머니. 같이 잘 어울리던 친구들이 하는 얘기를 세령이가 들었어요. 그 모둠 정하는 것 때문에 많이 속상해하면서 갔어요."

원하는 대로 정해도 된다고 해도 세령이가 마음이 상해 집으로 갔다는 말도 덧붙였다. 아이가 하교하면서 전화로 어머니에게 속상한 마음을 털어놓았던 모양이었다.

"아, 그래서 전화로 속상해했군요. 세령이는 사실 아찔한 놀이기구를 타는 것을 어려워해요. 그래서 현장학습을 갈까 고민하다가 신청서를 낸 거예요. 집에 오면 아이와 잘 얘기해 볼게요. 신경 써주셔서 고맙습니다."

교실에서 있었던 모든 상황을 말로 다 설명하기는 어렵다. CCTV를 설치해도 그때 느끼는 감정까지 다 아는 것은 아니니 오해가 생길 수 있다. 하지만 아이에 대해 관찰한 사실과 그때 아이가 느꼈을 감정을 나누는 것으로 어머니와 함께 해결 방법의 형태로 상황을 바꿀 수 있다. "선생님은 왜 그러세요?"라고 하려던 마음이 "우리 애는요. 놀이기구를 타는 게 어려워요. 그래서 고민하면서 신청했어요. 그리고 속상해서 전화했더라고요."로 바뀐 것이다.

아이의 속상한 마음을 전달받은 어머니의 마음을 공감하여 문제 상황을 해결했다. 그 이후에도 몇 번 더 비슷한 상황이 생겼지만 다행히 체험학습 이후로 어머니는 아이를 더 이해하기 시작했다. 또한 어머니와 나는 아이를 가르치는 조력자로서 좋은 방향으로 대화를 나누는 사이가 되었다.

학교 설명회에서 있었던 일이다. 담임교사와의 시간에 부모들에게 학급 운영에 대해 안내했다.

"아이들이 학교에서 다른 장소로 이동하는 경우가 종종 생깁니다. 급식실, 체육관 등 특별실로 이동하는데 아이들이 차례대로 반듯하게 줄을 맞춰 이동하지 않는다는 것을 아시지요?"

부모들의 반응은 전혀 몰랐다는 표정이었다. 학교에 있는 동안 아이들은 자리 앉기, 줄서기, 차례 지키기, 상대방에게 예의 바르게 행동하기 등 배워야 하는 것이 많다. 한 부모가 "네. 우리 애가 집에 와서 난간을 타고 내려오는 남자아이가 있다고 하던데요."라고 말하자, 다른 부모가 "선생님, 죄송해요. 우리 애가 아닐까 걱정이에요."라고 말한다.

"네. 오늘은 그러지 않았지만, 언젠가 한 적은 있지요. 아이들도 하면 안 되는 것을 알아요. 그래서 안전과 관련되어 있고, 뒤에 줄 서 있는 아이들이 불편하니 하지 말라고 말합니다."

아이들을 혼낼 마음 없이 잘 지키기를 원하는 나의 교육관과 욕구를 말한다. 부모도 자신의 아이에 대해 알고 있으니 어떤 상황이 발생하든지 받아들인다. 이때 아이들이 하는 행동에 대한 전반 사항을 알려 놓는다.

"찬이가 교실에서 듣고 말하기를 연습하는 영어 시간에 앞뒤 아이들과 지속적으로 얘기하거나, 필요치 않은 말로 수업을 방해하는 경우가 종종 있습니다."

상담에서 이렇게 이야기하면 처음 들어본 말이라 당황스럽다는 반응이 나온다. 다른 아이들과 갈등 상황이 발생했을 때 부모가 관여해야 할 일이 아니라면, 교사는 부모에게 이런 상황을 일일이 알리지 않는다. 여러 이유가 있지만 부모가 잘 받아들이지 않기도 하고 도리어 교사에게 화살이 돌아오는 경우도 많기 때문이다. 그 대신에 학급에서 수업을 방해하지 않도록 알림장에 지켜야 할 것을 적시하거나, 교육활동 중 아이에게 훈육하는 등의 방법을 사용한다.

학기초에 받아두었던 가정환경 조사서에 상담할 때마다 포스트잇을 붙여 놓고 상담 시간 및 내용을 간략히 적어 두었다가 상담 사안이 생길 때마다 들춰 본다. 특히 아이를 직접 키우고 시간을 충분히 많이 보낸 부모는 아이에 대한 이해도가 높기 때문에 학교에서 생긴 문제 상황을 수긍하고 인정한다. 그러나 그렇지 못한 경우 교사가 우리 애만 이상하게 본다고 생각하여 연결의 어려움이 있고, 요즘 사회문제가 되는 상황들이 발생하기도 한다. 부모 상담을 통해 아이에 대한 정보를 알고 이를 신중히 고려해야 하며 여러 상황에 대한 이해로 아이들을 지도할 때 매우 유용하다. 그러므로 부모가 "우리 애는요."라고 말할 때는 교사의 눈이 아니라 부모의 눈으로 아이를 바라보고 이해해야 한다.

선생님의 말 연습

"아, 재민이가 영어 시간에 뒷자리 친구와 이야기를 나눠 수업 진행이 어려웠습니다."

❶ 그랬군요. 지금 알았어요. 알려 주셔서 고맙습니다.

❷ 제가 어떻게 지도하면 좋을까요?

"제가 재민이를 이해하는 데 도움이 되었어요."

❶ 그렇게 말씀해 주시니 고맙습니다.

심각한 문제로 부모와 마주할 때

미술 시간이 끝나고 쉬는 시간에 지호가 나를 찾아왔다.

"선생님, 드릴 말씀이 있어요."

"응, 뭔데?"

"미술 시간에 정훈이랑 세호, 재민이가 서로 '비벼비벼' 이런 말을 했어요."

"아, 그런 일이 있었구나. 듣기 싫었겠구나."

"선생님이 이야기해 볼게."

미술 수업에 매직 뚜껑을 열고 닫기를 반복하는 찬이를 보고 아이들이 한 말이다.

아이들에게 자초지종을 물었다. 자신들이 그랬다고 인정하는 아이들에게 "친구들이 불편하고 싫었겠다."라고 말했다. 이 일을 부모에게 전달할 때 어떻게 해야 할까? 교사로서 참으로 난감하고 고민되는 순간이다. 아이들은 부모에게 전달하기를 원하지 않는다. 자신들의 행동이 너무 잘못되었다는 것을 알고 있기 때문이다.

마셜은 『비폭력대화』에서 "자신이 가지고 있지 않은 것을 남에게 주는 것은 불가능하다. 마찬가지로, 공감하려는 노력을 기울이는 데도 공감할 수 없거나 공감하고 싶은 마음이 들지 않는다면, 그것은 다른 사람에게 공감해 주기에는 우리 자신이 공감에 굶주려 있어서 다른 사람에게 줄 수 없다는 증거이다."라고 했다.

이러한 심각한 문제들로 상담할 때 부모에게 가장 많이 듣는 답변이 있다. "우리 아이가 사춘기라 어려워요." 혹은 "집에 와서 무슨 일이 있었는지 말을 안 해요."이다. 이럴 때마다 교사의 속마음은 '학교에 있는 시간은 24시간 중 6~7시간입니다. 나머지 시간은 가정에서의 영향입니다.'이다. 그런데 정작 부모는 자신이 통제할 수 없다는 이유로 문제 행동을 방관하거나 선생님이 잘못 알아서 그렇다고 몰아세우기도 한다.

한 번은 한 아이가 친구들에게 욕을 빈번하게 사용하여 학교폭력 신고가 접수되었다. 아이의 어머니에게 전화를 했다. 어머니가 말했다.

"어머? 우리 애가 욕하는 줄 몰랐어요."

부모가 아이를 다 따라다니지 않는 이상 아이의 행동 하나하나를 알기는 어렵다. 그러나 "우리 아이에 대해 나는 잘 몰라요."라고 하는 것은 부모로서 자녀에게 관심이 없다고 말하는 것과 무엇이 다른지 의문이 든다. 어떤 경우는 "나는 훈육하는 걸 포기하겠어요."라며 부모 자신을 방어하는 데 에너지를 쓴다. 이때 교사는 부모의 욕구를 읽어야 한다.

교실에서 다른 아이를 때리고 욕하는 아이들은 이전 학년에서도 그랬을 가능성이 높다. 어쩌면 유치원, 어린이집에서도 그러한 상황이 있었을지도 모른다. 매년 비슷한 문제로 전화를 받으니 학교 담임교사에게 오는 연락이 반가울 리 없다. 그래서 "네. 제가 잘 지도할게요." 또는 "네, 아이와 얘기해 볼게요."라며 은근슬쩍 넘긴다. 그래도 여기까지는 괜찮다. 더 심한 경우는 교사를 상대로 싸우려는 부모도 있다. 요즘 이슈되고 있는 교사와 부모의 갈등 문제가 그러하다. 그들은 "선생님이 우리 애만 차별하니까 우리 아이가 이렇잖아요."라는 태도를 보인다.

최근 부모 교육에 대한 필요성이 강조되고 있지만 참 어려운 일이다. 이런 때일수록 부모와의 연결을 중시하고 사실을 있는 그대로 전달하는 비폭력대화 방법이 필요하다. 교사가 관찰로 이야기하고 그때 감정을 얘기하며 중요시하는 욕구를 전달하고, 행동 부탁보다는 연결 부탁을 통해 부모와 공감대를 형성해야 그다음 교육이 이루어진다.

"어머니, 재민이가 친구들에게 욕하지 않도록 해주시기를 원해요." 보다는 "어머니, 제가 학교에서 있었던 상황을 말씀드렸는데, 어머니 제 얘기 듣고 마음이 좀 어떠세요?"라고 말하여 어머니의 마음 공감을 해본다. 그리고 교사는 항상 "○○가 건강하고 성숙한 어른으로 자라도록 하는 데 기여하고 싶어요. 도움이 되는 방향을 함께 생각해 보면 좋겠어요."라는 식으로 부모에게 마음을 잘 전달해 두는 것이 좋다. 그리고 아이의 문제를 자신의 문제로 받아들여 힘들어하는 부모 혹은 자신의 문제가 아니라고 밀어내는 부모에게 '성숙하고 건강한 어른으로 키우는 과정에서 어른으로서 할 수 있는 것을 같이 하자.'는 동조자의 역할을 강조한다.

5학년 한이는 3월 첫날 수업에서 눈에 띄었다. 교과서를 배부하고 나서 사물함을 배정한 뒤, 국어 수업을 하는데 아이가 그냥 가만히 있었다. 학기초에 여러 장 배부되는 가정통신문을 가져오지 않았고, 수업 시간에는 교과서도 꺼내지 않았다. 수업 시간 내내 빗을 꺼내 머리를 빗거나 멍하니 있었다. 어머니와 상담하기 위해 전화를 했다.

"안녕하세요? 어머니. 한이 담임교사입니다. 몇 가지 말씀드리고 싶은 것이 있어 연락드렸어요. 통화하실 수 있으실까요?"

"네, 가능해요. 우리 한이에게 무슨 일이 있나요?"

"네, 한이가 줄넘기를 가져오지 않아 3주 동안 체육 시간에 활동을 하지 않고 서 있어요."

"네? 가져갔어요. 처음에는 준비해 주지 못했고 며칠 전에 가져갔어요."

"아, 그랬군요. 다시 살펴볼게요. 그리고 공부 시간에 교과서를 준비하지 않고 머리빗으로 머리를 빗고, 자주 멍하니 있어요. 물어보면 아무 말도 하지 않네요."

"아, 선생님. 그랬군요. 한이가 유치원 때 선택적함구증이 있었어요."

제 어머니에게 말을 하는 한이를 보고 어떤 친구가 "한이가 말을 하네?"라고 말할 정도로 한이는 평소에 말을 하지 않았다. 한이는 유치원 교사에게 상담을 권유받았고, 상담하는 곳에서 선택적함구증이라는 소견을 들었다. 그런데 학교에 입학한 뒤에 별 문제가 없어서 아무런 조치를 하지 않았다. 그런데 문제가 없는 게 아니었다. 전년도 학습이 부진하여 학력 향상반에서 공부해야 하는 상황이었다. 어머니는 관심을 갖고 잘 살펴보며 학습에도 신경을 쓰겠다고 말하며 전화를 끊었다. 담임교사로서 '아니, 왜 유치원 때 이후로 아무런 조치를 하지 않았을까?'라는 의구심이 들었지만, 이럴 때 담임교사가 할 수 있는 게 없는 걸 잘 안다.

이후에 교과서를 준비하도록 하고 공책 정리를 따로 시켰다. 그러던 어느 날, 학생건강체력검사를 위해 체육관에서 연습을 하는데 한이가 자기 차례가 되었는데 제자리멀리뛰기 판 위에 서서 뛰지 않았다. 꼼짝도 하지 않았다. 다음 순서의 아이들도 있어 시간 내에 해야 하는데 멀뚱히 나를 보고 머리를 반복해서 만지며 가만히 서 있었다. 다음 순서 아이들이 "왜 안 뛰어?"라고 말하고, "하나 둘 셋!" 하고 동작과 함께 안내해도 10여 분 그대로, 그 자리에 서 있었다.

"한이야, 지금 안 해도 돼. 태민이도 반깁스해서 다음번에 할 거니까 그때 하자. 네가 자리를 비켜 줘야 다른 아이들이 멀리뛰기 측정을 해. 옆으로 비켜 나와 줄래?"

꼼짝도 하지 않고 멀뚱히 서 있을 때는 답답해서 미칠 노릇이다. 뒤이어 급식 시간이라 체육관을 정리하고 급식 먹을 준비까지 해야 하는데 정말 난감했다. 강제로 끌어낼 수도, 아이를 야단칠 수도 없었다. 이런 상황에는 방법이 정말 없다. 가장 친하게 지내는 아이가 와서 말해도, 다른 아이들이 다음번에 하라고 해도 안 되었다.

잠시 뒤, 점심시간을 알리는 종이 울렸다. 수업 시간에 아무것도 하지 않는 데다 체육 시간 일까지 있어 어머니에게 연락하여 상담을 했다.

"어머니, 체육 시간뿐만 아니라 급식 시간에도 밥을 먹지 않고 가만히 있어요. 마스크를 조금 내려 후식으로 나온 것만 조금 베어 물고 그대로 버립니다. 저는 한이가 지금 저희에게 보내는 신호가 아닐까 생각되어 상담받아 보시길 권해요. 그리고 학교에 와서 저와 '안녕하세요?' 이렇게 말하면서 소통하기를 원하여 말씀드립니다."

상담 중에 어머니는 눈물을 보였다. 아이의 상황을 모르는 것은 아니나 아이가 학교생활에 대해 전하지 않아 세세한 것을 몰랐다고 했다.

한이는 며칠 뒤 상담센터에 다녀왔다. 아이는 인지적, 정서적, 사회적인 문제가 있어 인지치료와 놀이치료를 받아야 한다고 했다. 어머니는 상담센터에서 들은 이야기를 하며 많이 울었다. 아이를 그렇게 만든 것도 본인이고, 그렇게 되도록 아무것도 안 했으니 자책이 너무 많이 된다고 했다.

"이제 어떤지 알았으니 서로 협력하여 잘 지도해 보아요. 학교에서 교사로서 제가 할 수 있는 것을 알아봐 드릴게요."

처음에 한이 어머니는 의아했다. 5학년이 되어서야 담임교사에게 아이의 학교생활과 행동에 대해 들었기 때문이다. 그저 학습이 부진한 줄만 알았기 때문이다. 그뿐만이 아니고 아이의 행동이 다른 아이들과 다르다는 것을 알게 된 직후에 어찌해야 할지 몰라 난감했다고 한다. 어머니는 덕분에 한이가 치료가 시급하다는 것을 알게 되었다며 감사 인사를 전했다. 무엇보다 적극적으로 개선하려고 노력하는 모습에 감사했다.

그렇게 되기까지 어머니는 교사가 하는 여러 번의 상담 전화가 불편했다. 부모인 자신에게 잘못했다고 말하는 것 같아 죄책감이 들기도 했다. 그 말을 들은 나는 "그 상황에 놓인 아이가 가장 힘들다. 우리는 어른이니 우리가 할 수 있는 것을 하기를 원한다."고 나의 욕구를 충분히 전달했고 이로써 따뜻한 연결이 되어 우리 아이를 보듬을 수 있었다. 이제 변화를 위한 첫 발걸음을 뗐다. 앞으로 길게 지켜보아야 할 것이다.

선생님의 말 연습

"어머니, 통화 가능하세요? 학교에서 있었던 일을 몇 가지 말씀드리려고 연락드렸습니다."

❶ 네. 무슨 일이세요?

❷ 저희 아이에게 무슨 문제라도 있나요?

"지금 아이가 하는 행동이 도와달라는 신호일 수도 있습니다. 저희가 놓치면 안 되잖아요. 저한테는 아이가 건강하고 성숙한 어른으로 자라는 데 기여하고 싶은 욕구가 있어요"

❶ 네. 그렇죠. 선생님.

❷ 어떻게 해야 하죠?

부모도 위로가 필요해요

아이들에게 생기는 다양한 문제 상황에서 부모를 따로 떼어 놓을 수는 없다. 나는 가정을 이루고 부모가 된 후 아이에게 좋은 부모가 되고 싶은 마음이 늘 있었다.

첫째 아이는 나와 모든 것이 달랐고, 그 절정은 유치원 졸업 무렵이었다. 옷을 계절이나 날씨와 상관없이 입는 건 그렇다고 해도, 아이는 매번 자기의 주장이 받아들여지도록 부단히 애썼다. 그중 어느 곳을 갈 때나 머리에 쓰는 족두리 머리띠는 도저히 받아들이기 힘들었다. 초등학교 1학년이 되어 '이대로는 안 되겠다.' 싶어 상담을 하기 위해 건강가정지원센터에 찾아갔다.

"우리 아이가 정말 모르겠는 행동을 해요."라며 말문을 연 내게 상담사는 "우선 어머니부터 상담과 검사를 받아 보시지요." 하고 말했다. 당황스러웠지만 첫 상담에서 아이는 전혀 문제 없으며 아이의 행동을 문제로 인식하는 내가 문제였던 것을 알았다. 그 후로 10회기 상담을 더 받았다.

30여 년을 살면서 내가 나 자신을 잘 몰랐다. 어릴 때 시골에서 읍내로 유학을 오면서 초등학교 1학년 때부터 어머니와 떨어져 살았고, 주말에만 어머니를 만날 수 있었다. 5남매 중 넷째인 나는 스스로 무엇이든 잘했고 순했다. 교실에서는 벽에 있는 무늬 같은 존재였다. 언니는 어린 시절의 나를 이렇게 기억했다. "너, 내가 놀자고 해도 숙제하고 놀아야 한다고 그랬어. 1학년 때." 나는 어렸을 때부터 곧이곧대로 하는 아이였다.

나는 어머니가 늘 그리웠다. 그래서 내 아이에게는 늘 함께 있는 존재가 되어주고 시간을 같이 보내려고 노력했다. 그런데 나와 다른 성향의 아이를 온전히 받아들이지 못했고, 그저 같이 있으면 어머니의 역할을 하는 거라고 생각했다. 상담 이후, 가장 필요한 시기에 어머니가 없었던 어린 시절과 나 자신을 위로해 준 적 없는 시간을 알아차렸고, 무엇보다 나와 다른 내 아이를 받아들이기 시작했다.

교사라면 자신이 어떤 사람인지 알고 스스로를 돌보는 일이 무엇보다 중요하다. 교사라고 처음부터 아이들을 완벽하게 이해하고 부모와 관계를 잘 형성할 수 없다. 그러니 개성이 다른 아이들을 이해하고 그들의 특성을 아는 일, 즉 연결을 위한 방법으로 비폭력대화법이 있는 것이다.

보통 사춘기를 '자기중심적이고 타인을 배려하기를 어려워하며….'

라고 정의를 내리지만 이제부터는 조금 다른 관점이 필요하다. "사춘기는 자기 스스로를 충실히 생각하며 내가 원하는 것이 무엇인지 알아가는 자신을 정립해 나가는 과정"이라는 관점이면 어떨까? 그 과정이 어렵든 조금 수월하든 어른이 되어가는 시간이다.

부모 상담을 해보면 고학년에 사춘기 자녀를 둔 부모는 대개 어려움을 겪고 있다. 사춘기 시기는 초5에서 중3 정도이고, 다양한 사례들이 있음을 말해 주면 좌절하는 부모가 대부분이다. 부모도 이 시기를 건너뛸 수 없다는 것을 잘 알고 있지만, 지도와 훈육이 생각만큼 쉽지 않기 때문이다. 특히 첫아이의 사춘기를 겪는 부모는 자기 마음을 이해받고 싶어한다.

이때 교사가 부모와 따뜻한 연결을 하며 이 시기를 잘 보내기 위한 방법을 몇 가지 주면 어떨까? 특히 과도한 참견은 금지, "하지 마."보다는 부모가 아이에게 원하는 모습을 가랑비에 도포 자락 젖듯이 말해야 함을 강조한다. 주의해야 할 것은 "우리 얘기 좀 하자."라고 대화를 시작하지 말고, 무심한 듯 지나가는 말로 부모가 원하는 바를 전달해야 한다는 점이다. 그래도 아이들은 알아듣는다. 사람은 누구나 자기 자신에게 관심이 있다. 아이들도 예외는 아니다.

한번은 태서라는 아이가 학교폭력 사안으로 신고되었다. 아파트 놀이터에서 축구를 하다가 친구에게 욕을 했기 때문이다. 아이는 평소에도 욕을 자주 했다. 학교폭력 사안 처리를 위해 부모에게 전화를 했다.

"안녕하세요. 태서 담임교사입니다. 통화하실 수 있으세요?"

"네. 선생님, 무슨 일이세요?"

"네. 무슨 일로 연락을 드렸냐면, 학교폭력실태조사에서 학교폭력 신고가 접수되었어요. 관련 학생으로 내용을 확인하고, 진술서확인서를 작성하려고 한다고 말씀드리고 절차를 안내드리려고 해요."

"아, 네. 어떤 내용이에요?"

"태서가 일요일에 아파트 놀이터에서 반 친구에게 욕을 한 내용이에요."

"…"

"아이들에게 물으니, 실태조사에서 나왔던 말을 들었다고 합니다. 관련 학생은 사과와 재발 방지를 원하고 있습니다."

"아, 네. 알겠습니다. 그런데요. 선생님, 우리 애만 욕하는 건 아니던데요."

마셜은 『비폭력대화』에서 "사람들이 대체로 "아니오(No)!" 또는 "~하고 싶지 않아요."라는 말을 거절로 받아들이는 경향이 있기 때문에 이런 말을 공감하며 들을 수 있는 것이 중요하다."고 말했다. 또한 "이런 말을 개인적으로 받아들이면 상대방의 내면에서 무슨 일이 일어나는지 이해하지 못한 채 상처를 입을 수 있다."라고 말했다.

"놀이터에 가보면 다른 애들도 그러고, 태서에게 욕하는 걸 본 적도 있어요. 아이에게 욕하면 안 된다고 가르치는데 왜 이런 일이 있는지 모르겠어요."

"들으면서 속상하시지요?"

"네. 저도 놀라고 속상해요."

나는 어머니에게 접수된 학교폭력 사안 처리 등의 절차는 진행될 터인데, 그보다 앞으로 이런 일이 없는 것이 중요하니 이 기회에 아이를 잘 훈육하고 욕하지 않도록 지도하자고 말씀을 드리며 상담을 마무리했다. 이때는 감정이 상한 상황이기 때문에 교사는 비폭력대화 듣기 중에 '공감하며 듣기'를 적극 활용하면 좋다.

선생님의 말 연습

"태서에 대하여 제 얘기 듣고 속상하셨지요?"
❶ 네. 선생님.
❷ 네. 어떻게 해야 할지 정말 모르겠어요.

"요즘 핸드폰 사용 문제로 아이와 힘드시죠?"
❶ 네. 정말이지 너무 힘들어요.
❷ 그래도 잘 적응하고 아이가 제 얘기를 잘 따라 주네요.

시골 학교 2년차 때의 일이다. 상담 도중 하민이 어머니가 말했다.

"운동장에서 노는 뒤통수만 봐도 열이 뻗쳐요."

어머니의 말은 경력이 적었던 내게 너무 충격적이었다. 어머니는 하민이가 늦게까지 텔레비전을 보는 게 걱정이라고 했다. 내가 학교에서 본 하민이는 순한 편이었지만, 축 늘어져 기운이 없어 보였다. 또 5학년 수준의 학습이 되지 않다 보니 공부에도 문제가 많았다. 그런데 상담이 진행될수록 어머니가 자신의 이야기를 계속 꺼냈다. 하민이네는 통학버스로 30분을 가야 하는 곳에 있었다. 부모가 그곳 민박집에서 일을 했는데 경제적으로 아주 어려운 모양이었다. 어머니는 급기야 자신의 본심을 털어놓았다.

"선생님, 저 너무 힘들어요. 지금 상황이…."

위로가 필요한 건 아이들만이 아니다. 상담을 하다 보면 부모 상담을 하는 경우가 많다. 부모는 자녀의 문제점을 들을 때 종종 "내가 잘못 키워서 그렇다."라고 말한다. 아이에게 문제가 생겨서 상담을 하면 눈물을 보이는 경우도 적지 않다. "내가 잘못해서 아이가 이러는 것 같아요." 하고 끝없이 자책한다. 이럴 때 어떻게 말해 줘야 할까?

"부모님을 탓하는 것이 아니에요."

"아이의 현재 상황에 대한 인지를 바로 하고 필요한 조처가 무엇인지 알아보려고 그러는 거예요."

"자책은 아이의 문제 행동을 수정하거나 바꾸는 데 도움이 되지 않습니다."

"아이가 가정이나 학교에서 생활하는 데 우리가 협조자가 되어 줄 수 있어요."

이렇게 목적을 분명히 밝히고 적극적인 도움을 줄 수 있음을 확인시켜 준다. 그리고 당부하는 것을 분명하게 말한다.

아울러 가정 내 문제 상황이 있을 때는 다른 도움이 더 필요하다. 부모의 별거, 이혼 등의 문제 상황을 담임교사가 알았다면 아이가 원할시 개인 상담을 한다. 이러한 일련의 일이 아이가 잘못해서 일어난 일이 아님을 꼭 알려 주고, 도움이 필요할 때 언제든지 알려 달라고 당부한다. 가족 불화, 경제적 어려움 등이 혼재되어 있다면 아이가 정상적으로 등교해 수업을 듣고 있는 것만 해도 고마운 일이다. 이럴 때는 오히려 오늘 어떤지 지나가듯 묻기, 관심사, 식사 여부 등 일상적인 주제로 대화를 나눈다. 그러면 아이가 힘든 감정 상태에서 일상적인 자신의 생활로 돌아올 수 있다. 아이들의 어려움을 만나면서 교직생활 동안 얻게 된 결과물이기도 하다. 그러니 그저 감사할 따름이다.

아이가 부모의 이혼, 부부싸움 등 자신이 어떻게 할 수 없는 일을 겪으면서 잘 지내고 있다면 어른으로서 정말 감사할 일이다. 그렇지만 가장 피해를 입고 상처를 받는 건 언제나 약자인 아이들이다. 아이가 어릴수록 상처가 깊다. 금방 드러나는 상처가 아니더라도 나중에 다양한 형태로 아이의 삶에 영향을 끼친다는 것을 알아야 한다.

지금 잘하고 있어요. 믿으세요

아영이는 6학년이 되면서 우리 반에 전학을 왔다. 학교에 전학 서류를 내면서 교실에도 들렀다. 아이는 수첩을 꺼내 적을 준비를 하고 물었다.

"선생님, 준비물은 뭐 해오면 되지요?"

코로나19로 요일별 등교를 했을 때라 상황에 따라 변동이 많았다.

"특별한 건 없고 그날 등교하면 알려 줄게."

아영이는 전학 오고 며칠 뒤에 치러진 학급 임원 선거에 출마했다. 당선되지 않았지만 투표 결과를 무리 없이 받아들였다. 유쾌한 성격의 아영이는 수업 시간에 제일 먼저 손을 들어 발표도 잘하고 자기 속마음도 스스럼없이 표현했다. 여자아이들과 안 어울리는 것은 아니었지만, 남자아이들과 학교 벤치에 남아 게임도 했다. 나는 보통 아이들과 조금 다른 아영이가 재미있고 좋았다. 잘 적응하고 있어 다행이라고 생각했다. 한 가지, 아영이가 학교에서 아이들 걸음으로 40분 정도 걸어야 하는 아파트로 이사를 했는데, 그것 때문에 등교에 애를 먹었다. 아침마다 종종 변수도 생겼다. 그 일로 어머니와 가끔 통화를 했다. 1년의 시간이 지나 졸업식 날이 되었다.

"선생님, 이거요. 엄마가 드리래요."

아영이가 내 책상에 내려놓은 것은 어머니가 쓴 2장짜리 손편지였다. 아영이는 5학년까지 학교생활과 친구 관계로 적잖이 마음고생을 했다고 했다. 그래서 전학 오기 전에 미리 교실에 와본 것이었다.

어머니는 편지에서 "아영이가 학교 가기를 참 좋아했어요. 선생님, 아이를 있는 그대로 봐주셔서 너무 감사했습니다."

마셜은 『비폭력대화』에서 "우리가 고마운 마음을 표현하기 위해 비폭력대화를 활용하는 것은 무엇인가 돌려받기를 원해서가 아니라, 순수한 마음으로 서로 기쁨을 나누기 위해서다. 우리가 다른 사람에게 고마움을 표현하는 의도는 오로지 그들 덕분에 충만해진 삶을 함께 기뻐하려는 데 있다."라고 했다.

어머니의 감사 편지는 교사로서 아이와 어머니의 삶에 기여했음을 느끼게 하는, 뿌듯함을 주는 고마움의 표시였다.

몇 해 전에 근무했던 학교는 담임교사가 급식당번 아이들과 교실에서 배식을 했다. 정민이라는 아이가 급식을 받아 밥을 먹지 않고 그냥 앉아 있어서 이유를 물으니 배가 고프지 않다고 했다. 그래도 학교급식을 먹지 않고 그냥 집으로 보낼 수 없어 어머니와 상담했다. 어머니는 아침 식사를 충분히 하고 가기 때문에 적게 먹더라도 이해해 달라며 가정에서 잘 지도하겠다고 답변했다. 물론 2학년이니 하교 시간이 빠르고 집에 가서 또 간식을 먹는다고 하니 알았다고 했다.

몇 주가 흘렀다. 급식에서 수박이 나왔는데 아이들이 다급하게 말했다.

"선생님, 정민이가 수박을 손으로 주물러요."

정민이가 수박을 손으로 쥐고 식판 위에 쭈욱 짜며 흐뭇해하는 표정이었다. 정민이가 나를 보고는 흠칫 놀라며 끈적해진 손을 식판 모서리에 쓱 문지르고는 식판을 정리했다.

얼마 뒤, 나는 어머니와 교실에서 만나서 학교에서 있었던 여러 상황을 말씀드렸다. 그중에서 특히 정민이가 "나는 친구가 없어요.", "나는 친구가 필요 없어요."라고 했던 말이 가장 염려된다고 말했다. 어머니는 아이가 어렸을 때부터 혼자 놀기를 좋아했다고 했다. 유치원 선생님께도 아이들과 어울리지 않는다는 말을 들었다고 했다. 어떤 방법을 취했느냐고 물었더니 아무것도 하지 않았다고 했다.

상담 이후 어머니는 정민이를 데리고 가서 심리검사를 했다. 정서적으로 타인과 소통하는 것에 어려움이 있으니 놀이치료 등 심리적 안정이 필요하다는 결과가 나왔다.

그후, 매주 목요일, 총 10회를 만나 상담을 겸한 아이에 대한 이야기를 어머니와 나눴다. 학년이 끝날 무렵, 쉬는 시간에 친구들과 보드게임을 하는 정민이가 보였다. 대단히 큰 변화는 없었지만, 적어도 교실을 혼자 빙빙 돌며 걸어다니거나 급식을 손으로 만지는 행동은 하지 않았다.

어머니는 상담을 할 때마다 자책했다. 어떤 날은 아이가 혼자 놀게 방치했던 게 생각나 아이를 데리고 놀이터에도 나간다고 말했다. 어머니의 자책은 계속되었다. 그러던 어느 날, 어머니가 결심한 듯 말했다.

"선생님 말씀대로 제가 좀 달라져야겠어요."

"지금 잘하고 계세요. 스스로를 믿으세요."

교사를 비롯해 수많은 전문가와 조력자들이 부모에게 뭔가를 바꾸라고 조언한다. 그러나 아이를 양육하며 사랑으로 대하는 부모에게 필요한 것은 잘하고 있다는 강력한 본인의 믿음이 아닐까?

『괜찮아』(최숙희, 웅진주니어, 2005)라는 그림책이 있다. 아이들과 만나는 첫날 이 책을 함께 읽는다는 교사들이 여럿이다. 나도 이 책을 좋아한다. 특히 '괜찮아.'라는 말이 너무 좋아서 아이들에게 자주 쓴다. 부모와 상담하다 보면 아이를 잘 기르고 있는지 의문을 갖는 사람들이 많다. 더구나 주변에서 아이에게 문제가 있다고 하면 부모는 더 혼란스럽다. 여러 아이들이 모여 있는 교실에서 있다 보면 평가를 듣기 마련이다. 이때 부모로서 지금 나의 육아와 훈육 방법이 혼란스럽고, 교사나 전문가에게 자신의 방법이 맞는지 확인받고 싶은 심정은 당연하다. 그럴 때 나는 이렇게 말한다.

"믿으세요. 아이는 믿는 만큼 성장해요."

사실 부모도 다 아는 말이다. 부모는 지금까지 수없이 했던 다짐을 마음속에 또다시 다지면서 고개를 끄덕인다. 자신을 돌아보면서. 양육에는 최고의 방법이 없다. 그리고 무엇이 옳고 그른지 정해진 틀도 없다. 다만, 어른으로서 아이를 사랑으로 대하고 마음을 헤아리며, 때로 행동을 통제하며 가르칠 뿐이다.

두 자녀 이상 키운 어머니들이 흔히 "둘째는 발로 키운다."라는 우스갯소리를 한다. 첫째 때 알지 못했던 여러 일들이 경험으로 쌓여 둘째부터는 수월하다는 의미이다. 초보 부모는 아이가 기관에 다니기 시작했을 때, 그리고 초등학교에 입학해 학교에서 다른 아이를 보면서 내 아이를 볼 때 자신이 하고 있는 양육법이 맞는지 심한 갈증을 느낀다. 그런 부모를 안심시키라고 한다면 교사에게 너무 무거운 짐일까? 그래도 나는 오늘도 부모에게 "그대로 괜찮다."는 응원의 말을 보내고 싶다.

선생님의 말 연습

"지금 잘하고 계신 거예요. 고맙습니다."
❶ 네. 선생님. 그래도 걱정이네요.
❷ 아뇨. 제 탓이에요.

"괜찮습니다. 걱정 안 하셔도 돼요."
❶ 네. 선생님. 선생님 말씀 믿을게요.
❷ 그렇겠죠. 아이가 잘해 나가겠지요?

6장

교사는 좋은 대화를 위해 무엇을 더 할 수 있을까?

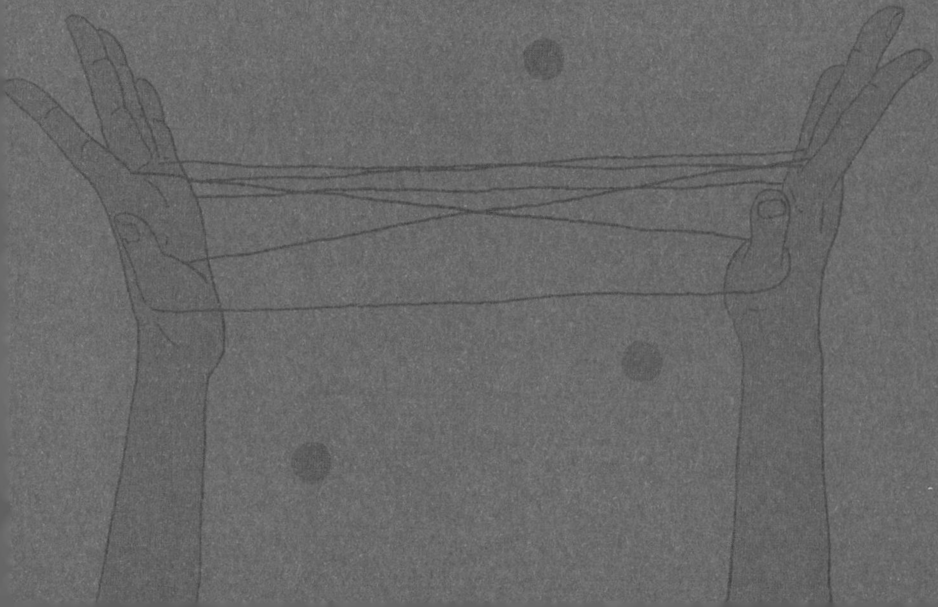

하루를 지내며
내가 반응하는 것을 알아차리는 순간이
얼마나 될까?

환경과 습관

'맹모삼천지교'라는 말은 환경이 얼마나 교육에 중요한지를 알려 주는 말이다. 맹자의 어머니가 살던 옛날에도 아이들은 자랄 때 환경에 지대한 영향을 받았는데 오늘처럼 많은 자극이 있고 빠르게 변화하는 현대사회야 말할 게 있을까. 그러나 우리는 살면서 누군가가 마음에 들지 않을 때 상대가 서 있는 곳이나 주변을 둘러보기보다 상대를 탓하려 한다. 차를 운전하다 끼어드는 차를 보거나, 끼워 주지 않는 상대를 볼 때도 그렇다. 특히 평소 가까이하는 가족이나 친구, 교실의 학생을 이해하는 것이 더 어려울 때도 있다.

집이나 교실처럼 같은 공간, 같은 대상일 때 판단이 더 올라오기 쉽다. 그건 해가 바뀌어 교실에서 다른 아이들을 대할 때도 마찬가지다. 다른 대상인데 비슷한 갈등이 일어나는 것처럼 보인다. 만약 반복되는 갈등과 어려움이 있다면, 한 번쯤 '환경'을 살펴보자.

4학년 담임을 할 때였다. 동우라는 아이가 준비물이나 안내장을 자주 가져오지 않았다. 어느 날, 동우 어머니가 방문해서 상담하고 싶다고 연락을 했다.

교실 문이 열리고 동우 어머니가 들어왔다. 서로 인사를 나누고 간단한 안부와 동우의 학교생활에 대한 이야기를 나누었다. 나는 말없이 이야기를 들었다. 조금 시간이 흐르고 긴장이 풀렸을 때쯤, 어머니가 조심스레 말씀을 꺼내셨다.

"선생님, 동우가 안내장이나 준비물, 이런 거 잘 안 챙겨오죠?"

나는 속으로 '알면서 왜 물어보지?'라고 생각하며 그래도 대답은 괜찮다고 했다.

"선생님, 실은 제가 동우 아빠랑 따로 살아요. 그래서 저녁 늦게까지 일을 하고 있어서…. 저녁에는 동우가 집에 혼자 있어요."

나는 "그럼 밤에 잘 때도 아이 혼자 자나요?"라며 물었다. 어머니는 눈물을 흘리며 그렇다고 했다. 나는 잠시 기다렸다.

"선생님, 얼마 전에 동우가 텔레비전에서 피자 광고를 보았나 봐요. 피자가 먹고 싶다고 하는데 형편이 안 돼서 마트에 파는 냉동 피자를 사줬어요. 그랬는데도 그 피자가 뭐라고 어쩌나 잘 먹던지 그런 동우를 보고 있으면 미안하고 고맙고 그래요."

나는 어머니의 느낌과 욕구를 반영하며 혹시 부탁이 있냐고 물었다. 어머니는 다른 것보다 동우가 이런 '환경'이란 것만 알아주고 혹시 준비물을 잘 챙겨오지 못하더라도 이해해 달라고 했다. 나는 그 뒤로 교실에 사는 아이들의 환경을 다시 한번 천천히 살펴보게 되었다. 자연스레 아이들이 사는 환경을 본 뒤에는 아이의 말과 행동이 좀 더 이해가 되었다.

나는 교실에서 생긴 문제를 주로 상대를 탓하거나 말로 해결하려는 습관이 있었다. 그래서 갈등이 생기거나 아이들에게 무언가 요청할 때는 어떻게 말할까 고민했다. 나는 먼저 '환경'을 바꿔서 변화를 줄 수 없을까 고민했다. 교사의 언어 역시 아이들에게 중요한 환경이다. 교실에서 전달되는 교사의 언어는 마치 음악처럼 교실의 분위기를 변화시키기 때문이다.

그러나 말없이 서로의 욕구가 충족되는 조화로운 환경을 만드는 것이 먼저이다. 작지만 간단한 교실의 환경 변화는 많은 노력을 통한 대화보다 더 효과적일 수 있다. 교사의 욕구도 포기하지 않고 한 명 한 명 아이들의 욕구가 존중받는 환경을 만드는 것이 가능하다면 우리는 필요한 곳에 좀 더 효율적으로 에너지를 쓸 수 있다. 습관적으로 누군가를 탓하려는 마음보다 '누군가에게 무엇이 필요한지' 이해하는 것이 중요하다. 교실에서 일어나는 일 중에는 미리 막을 수 있는 것들이 있다. 교사가 아이들에게 필요한 것이 무엇인지 알아차리면 원하는 곳에 에너지를 쓸 수 있어서 서로에게 도움이 된다.

아이가 준비물을 가져오지 못한 이유는 무엇일까? 이전에 준비물을 준비하는 습관이 형성되지 않았을 수도 있고, 가정 형편상 준비하기 어려웠을 수도 있다. 그렇다면 서로가 조화롭게 욕구를 돌볼 수 있도록 아이에게 필요한 것을 미리 준비하면 된다. 그것이 가위와 같은 학용품일 수도 있고, 때로는 친구일 수도 있다. 미술 시간에 조금만 틀려도 처음부터 다시 그림을 그려야 마음이 편안한 아이가 있다면? 넉넉하게 도화지를 두고 필요한 사람 가져가라고 칠판에 써두면 된다. 만약 활동에 대한 질문이 많을 것 같으면? 학생들이 질문할 만한 내용을 미리 써두면 도움이 된다. 제시한 날짜에 숙제를 내지 않는 학생이 있다면? 쉬는 시간이나 아침 시간에 할 수 있는 간단한 숙제를 내주면 된다.

우리는 반사적으로 '상대가 자신이 원하는 기준대로 하는가, 그렇지 않는가.'에 관심을 갖는다. 그럴 때 의식적으로 내가 원하는 것과 상대가 원하는 것을 함께 존중하는 마음이 있는지 알아차리고, 조화롭게 주변을 바꿀 수 있는지 관심을 갖고 찾아본다.

환경 변화와 더불어 중요한 것은 '습관'이다. 어떤 일을 반복하고 연습하면 자연스러워지고 그것이 일정해지면 습관이 된다. 교실에서 일어나는 일 중에 아이들에게 필요하며, 갈등을 줄여 주고 안정감을 주는 습관을 만들어 보자.

누군가는 이런 루틴을 불편하고 기계적이고, 비인간적이라고 여길 수 있다. 자신의 욕구를 의식하며 행동하는 것이 아니라 마치 교사의 지시로 아이들이 기계적으로 움직인다고 판단할 수도 있다. 그렇지만 세상의 모든 일을 느낌과 욕구를 의식하면서 하기에는 현실적으로 어렵다. 더욱이 학교라는 공동체 공간에서는 불가능하다. 욕구에서 출발

하는 것이 아니라, 부탁에서 욕구로 연결하는 과정이 필요하다. 깨끗하게 정돈된 서랍과 사물함을 보며 하루의 성취감과 만족감을 느낄 수 있는 것처럼 말과 행동이 바뀌면 마음도 변할 수 있다.

예를 들어 아침에 아이들이 등교하면 다음과 같은 순서로 학기초에 연습을 할 수 있다. '아침에 등교하면 선생님과 인사를 하고 사물함을 정리한다. 시간표에 맞춰 교과서를 서랍에 넣고, 가방을 정해진 곳에 둔다. 마칠 때는 반대의 순서로 서랍과 사물함, 그리고 자기 자리를 청소한다.'

이 습관을 어느 정도 몸에 익히려면 짧게는 1~2주, 길게는 한 달이 필요하다. 이렇게 아침에 가방을 정해진 곳에 두고 책을 정리하고 자리가 깨끗하면 아이들이 먼저 마음이 상쾌해짐을 느낀다. 그리고 수업을 준비할 때도 책을 꺼내러 사물함을 가서 주의가 산만해질 가능성도 낮아진다. 교사가 신호를 주면 학생들이 서랍과 사물함을 정리하며, 모두의 에너지와 시간을 효율적으로 쓸 수 있다.

이때 이런 것들이 아이들의 몸에 익을 때까지 기다림이 필요하다. 순간순간 원하는 만큼 되지 않더라도 이해하고 기다려야 한다. 만약 조금이라도 조급한 마음이 들거나 성에 차지 않는다고 화를 낸다면 아이들은 교사의 말을 강요로 듣고 억울해하거나 힘들어할 것이다. 그래서 반복해서 확인하고 부드럽지만 단호한 태도가 필요하다. 견디기 힘들고 화가 날 때는 속으로 이렇게 생각하자. '지금 저 아이가 하는 행동은 어릴 때부터 부모와 이전에 학교를 다니면서 남은 오래된 습관이구나. 그

걸 한 달 만에 바꾸려면 얼마나 힘들겠어. 조금 더 기다려 보자. 내가 뭐라고, 저 아이를 맘대로 바꿀 수는 없다.'

모델링(모범)과 꾸준한 반복이 필요하다. 교사의 말과 행동은 학생들에게 그대로 가르침이 된다. 그래서 아이들의 자리가 깨끗하고 정돈되기를 바란다면, 교사가 먼저 정돈되고 깨끗한 자리를 보여 주어야 한다. 아이들은 교사의 말에 신뢰와 일관성이 없고 교사가 행동으로 지키지 않으면 저항할 것이다. 이는 누구나 알고 있지만 삶에서 행동으로 실천하며 깨우침을 주기가 어렵다. 그래도 하지 않는 것보다 낫다.

우리가 처한 상황이 모두 다르기에 내 것을 정답처럼 상대에게 적용하면 실패하기 쉽다. 그래서 교실에서 실천할 때는 정해진 것보다 상대에 따라 다른 유연함을 발휘해야 한다. 학교에는 나이, 학급, 남녀, 개개인의 특성과 기질에 따라 차이가 존재할 수 있다.

초등학교 저학년은 기본 생활 습관 형성과 돌봄에 좀 더 초점을 맞춰서 반복 연습이 필요하다. 고학년은 기본 생활 형성보다 학생들 개개인의 특성을 이해하고 자율성을 존중하는 방식으로 운영하는 것을 권한다. 변화라는 것은 스스로가 느끼고 깨우쳐야 가능하다. 우리가 어떤 시도를 할 때 그것을 받아들이는 아이마다 차이가 있음을 인정하자. 그래야 진정으로 돕고자 하는 의도가 상대에게도 전해진다.

의식적으로 반응하기

하루를 지내며 내가 반응하는 것을 알아차리는 순간이 얼마나 될까? 특히 교실처럼 다양한 자극과 함께하며, 누군가를 보호하며 돌보고 교육하는 공간이자 많은 대상을 대하는 곳이라면 더욱 알아차리기 어렵다. 이미 오랜 기간 동안 사용한 각자의 방법으로 상황을 해결하고 있을 것이다. 그 방법 중에는 효과가 없어서 사용하지 않는 것도 있고, 효과가 없지만 있다고 믿고 계속 사용하는 방법도 있다. 아직도 사용하고 있다면 효과가 있다고 믿고 사용하는 방법일 가능성이 높다. 어쩌면 다른 대안이 없어서 자신의 방법을 고수하고 있는지도 모른다.

이렇게 습관적으로 반응하면 관성적이고 무비판적이 될까 봐 우려스럽다. 왜냐하면 한번 효과가 있다고 생각한 반응은 효율성과 필요성 여부를 떠나 강화되기 때문이다. 강화된 반응은 비슷한 상황일 때 또 다시 반응할 가능성이 높다. 그렇게 반응이 누적되면 습관이 되어서 어느 순간 자신도 모르게 반응하게 된다. 이는 효과가 없는 상대를 만날 때까지 계속된다.

습관적 반응 중에는 문제해결에 도움이 되는 것도 있지만, 때로는 화를 내며 같은 말을 반복하는 것처럼 한두 가지로 반응하면 오히려 역효과가 날 수 있다. 반응 시점에 대한 고려가 없을 때 문제해결에 도움이 안 될 수도 있다. 어쩌면 필요한 반응의 강도 이상을 반응하면서 상대가 강하게 저항하거나 듣지 않아도 되는 대상에게 전달될 수도 있다.

구사나기 류슌은 『나를 피곤하게 만드는 것들에 반응하지 않는 연습』에서 "나도 모르게 발끈해서 화를 내는 행동은 인간관계를 깨뜨립니다."라고 했다. 만약 협박이나 겁을 주어 죄책감, 수치심, 두려움에 기반한 행동 변화를 하면 효과가 지속되기 어렵고, 아이들과의 관계가 멀어질 수 있다. 또한 자신과 아이에게도 지배하는 언어와 의식이 강화될 수 있다. 교실이라는 곳은 함께 생활하는 공동 공간이다. 따라서 교사와 아이의 욕구를 함께 충족하고 존중하는 조화로운 방식을 찾으려 노력하는 것이 중요하다.

만약 의식적으로 반응할 수 있다면 주변에서 일어나는 일이 전과는 다르게 펼쳐질 수 있다. 우리에게 주어진 하루의 에너지는 대체로 한정되어 있다. 만약 의식적이고 효과적으로 반응하면 필요한 곳에 에너지를 적절하게 쓰고 남겨둘 수 있다. 때로는 좀 더 필요한 곳에 집중해서 쓰면 일상이 보다 여유롭고 편안할 수 있다. 이런 편안하고 여유로운 마음은 아이들에게 전해져 교실이 보다 평화로워진다. 습관적으로 반응하는 나를 살피고, 그 안에 작은 변화가 새로운 관점의 나를 만든다. 의식적으로 반응하는 방법을 더 구체적으로 알아 보자.

자기 자신과 연결하기

의식적으로 반응하기 위해서는 우선 나를 알아차리는 능력이 필요하다. 그건 자신이 어떤 생각을 하고 있고, 어떤 의도로 말하며 듣는지, 어떤 행동을 하는지 알아차리는 것이다. 예를 들어 학생이 버릇없다고 판단되는 행동을 한다고 생각해 보자. 그때 내 몸과 마음은 어떨까? 그리고 그때 나는 무슨 말을 습관적으로 해서 상대를 바꾸려 했는가? 그 뒤에 상대의 표정은 어떠했고 그걸 보는 나는 어떠했는가? 이렇게 자신을 관찰하다 보면 습관적으로 반응하는 내 모습을 만나게 된다. 때로는 불편하고 과정이 귀찮을 수 있다. 내가 어디에 있는지 알아야 방향을 바꿀 수 있다. 지금 내가 어떤지 담담하고 수용적인 태도로 생각해 보자.

효과가 없는 반응 제거하기

자신의 말과 행동을 알아차리다 보면 그것들의 패턴을 발견하게 된다. 그 중에서 반복하고 있지만 내가 생각할 때 효율적이지 않거나, 바꾸고 싶은, 후회하는 반응을 찾아보자. 예를 들어 "그만해.", "하지마."와 같은 부정어를 쓴다든지, 귀찮아서 반응하지 않는 것을 선택한다든지, 소리를 크게 내든지, "그만, 그만, 그만, 그만." 같은 말을 반복하는 것이다. 그런 반응을 알아차리고 제거해 보자. 불필요한 말과 행동을 줄이기만 해도 필요한 말과 행동이 남는다. 그러면 자연스럽게 다른 것을 시도

할 공간과 시간이 생겨, 새로운 아이디어가 떠오른다.

넘어갈 일은 넘어가기

교실은 여러 사람이 생활하는 공간이다. 개개인의 성향이 다르며 복잡한 요인으로 다양한 일들이 생긴다. 때로는 작은 일로 보였던 일이 크게 되기도 하고, 실은 큰일이라고 생각했는데 막상 별일이 아닌 경우도 있다. 교실에서 아이들과 관련된 '모든 일에 반응하지 않는 연습'을 하자.

누군가는 "그럼 방치하고 무시하란 말인가?"라고 반문할 수도 있다. 무시하고 방치하면 자칫 교사에게 좋지 않은 일이 생길 수 있다는 생각에 동의한다. 그래서 예민함과 시간에 따른 경험치가 필요하다. 그러나 불안함, 신경 쓰이는, 불편한 느낌이 일어날 때마다 반응하다 보면 오히려 "긁어 부스럼 만든다."는 속담처럼 삶이 피곤할 수 있다.

일어나는 일에 대해 알고 있지만, 선택적 반응을 하자. 별일 없이 넘어갈 수 있는 일은 생각보다 교실에 많다. 어쩌면 보다 필요한 순간 선택적으로 개입할 때 교사의 존재감과 신뢰가 생길 수 있다.

지금 필요한 반응이 무엇인지 선택하기

하고 싶은 반응이 아닌 지금 상황에서 무엇이 필요한지 살펴보자. 그러나 우리는 습관적으로, 때로는 일어나는 생각과 감정에 휩싸여 내가 하고 싶은 반응을 한다. 수업 중에 준비물을 안 가져온 학생을 발견했다면 이 상황은 "왜 준비물을 안 챙겼어? 왜 준비성이 없니?"라는 질책이 필요한 순간이 아니다. 미리 준비해 놓은 여분의 준비물을 주면서 "안 가져왔구나. 다음에는 챙겨오면 좋겠다." 정도로 할 수 있다. 혹은 교실에 준비물이 없다면 "누군가 도움이 필요한데, 친구와 함께 사용할 수 있는 사람 있나요?"라고 물어보면 된다. 훈육이 필요한지, 도움이 필요한지, 이야기를 들어 주는 것이 필요한지, 기다려 주는 것이 필요한지, 교사는 더 나은 선택을 해야 한다.

자극에 따라 반응의 강도 조절하기

일어나는 일에 우리가 선택적으로 반응한다고 해도, 어떻게 반응할지 연습하는 것이 필요하다. 일어나는 일에 대해 필요한 강도가 1~10까지 있다고 하자. 예를 들어 강도가 2인 자극이 생겼는데 습관적으로 7의 반응을 한다면 오히려 상대는 당황스러워한다.

주어진 자극의 강도에 맞춰서 적절하게 반응하는 것을 연습해 보자. 반에서 가볍게 아이들끼리 말다툼이 일어났고, 누군가 욕으로 인해 사과를 받고 싶다면 그냥 들어 주고 사과를 하게 하면 된다. 심하게 꾸중하면 아이들이 더 크게 받아들이거나 교실 분위기가 불편해질 수 있다. 다만 누군가 크게 다치거나 지속적인 폭력 사안이라면 이전과는 다른 강한 강도로 반응할 때이다.

반응의 시점 조절하기

대화를 할 때 어떻게 말하면 좋을지 고민이 될 때 대개 내용에 집중한다. 대화 내용을 잘 준비하면 상대방도 잘 들을 가능성이 높다. 그러나 대화의 내용뿐만 아니라 말하는 때도 중요하다.

때로는 즉각적으로 반응해서 피드백을 주면 상대가 기뻐할 수 있고, 반대로 시간이 지나 피드백을 하는 것이 더 효과가 있을 때도 있다. 교실에서 일어나는 일에 대해 지금 이 순간에 반응하여 아이와 의사소통을 할 수도 있고, 잠시 뒤에 하는 것이 나을 때도 있다. 혹시 조급함과 답답함으로 순간적으로 반응하는 습관이 있다면 잠시 호흡하고 일어나는 일을 바라보자. 그리고 언제, 어떻게 반응할지 선택해 보자.

반응의 대상을 명확히 하기

교사가 한 아이를 훈육할 때 당사자뿐 아니라 다수의 학생이 훈육 내용을 듣게 된다. 아마 시간을 줄이고, 다른 학생들도 알아 두면 좋다고 생각되어 그럴 수 있다. 그러나 여러 사람 앞에서 듣기 불편한 이야기를 들으면서 마음 편한 사람이 있을까? 그건 어른이나 아이나 마찬가지다. 그 말은 우선 당사자에게 불편하게 들리고, 그 에너지가 교실로 퍼지면 다른 아이들도 함께 불편함을 느끼며 수업에 참여한다. 그런 불편한 에너지가 퍼져서 점점 교실에 무거운 기운이 감돈다. 그래서 특별한 경우가 아닐 때, 또는 듣기 불편한 이야기와 훈육이 필요한 경우라면 개별적으로 불러 이야기하는 것이 좋다.

여러 사람 앞에서 이야기를 꺼내야 할 때도 있다. 학교나 교실에서 지켜야 할 규칙이나 안내가 있다면 그런 것들은 전체를 대상으로 이야기할 수 있다.

비언어적 의사소통(몸짓, 표정, 눈빛 등)

인간은 소통할 때 말과 행동을 함께 사용한다. 한 연구에 따르면 실제 의사소통의 93% 이상은 비언어로 소통하며, 언어 사용은 실제로 7%밖에 되지 않는다고 한다. 그런데 교사는 교실에서 의사소통을 할 때 주로 언어를 사용하기 때문에 목이 아프거나 기운 떨어지기도 한다.

교실에서 일어나는 일에 대해 비언어적인 의사소통을 사용하면 보다 효율적으로 의사를 전달할 수 있다. 아이에게 무언가 긍정적인 피드백을 주고 싶다면 가벼운 미소를 지을 수도 있고, 어떤 행동을 제지할 때는 안 된다는 신호를 손으로 줄 수 있다. 활동 중 소란스러운 모둠의 경우 천천히 그 주변에 다가가 멈추고 활동을 지켜볼 수도 있다.

이런 비언어적인 반응을 표현할 때는 자신의 감정과 일치하는 것이 중요하다. 그래야 아이들도 예측하고 교사의 의도를 명확하게 이해할 수 있다. 무언가 지시하거나 행동을 제지하는 등의 훈육을 하고 있는데 웃으면서 한다면 아이들은 무엇을 받아들여야 할지 혼란스럽다.

신의 언어이자 교사의 언어, 침묵

이란의 시인 루미는 "침묵은 신의 언어이고 다른 모든 것은 서투른 번역이다."라고 말했다. 그러나 대부분의 사람들은 침묵을 불편해한다. 그래서 침묵을 어떻게 활용할지 모른다.

고요한 교실, 아이들에게 침묵을 활용해 보자. 교사가 지나칠 정도로 말을 많이 하면 말의 무게가 없어진다. 무언가 중요하게 표현할 때는 크게 말하는 것이 아니라 오히려 침묵 속에서 조용히 표현할 수 있다.

침묵을 잘 활용한다면 말 한마디 한마디가 무게감 있고, 말의 내용도 명료하게 전달된다.

먼저 공감하고 가르치기

교실에서 제한된 시간에 많은 학생을 대상으로 수업할 때는 시간과 에너지를 효율적으로 쓰는 것이 중요하다. 그래서 가르치거나 훈육할 때, 하고 싶은 말을 하고 대화를 마치는 경우가 있다. 매 순간 아이에게 공감하기가 쉽지는 않겠지만, 시간이나 에너지의 여유가 있다면 가르치거나 훈육하기 전에 먼저 아이의 마음을 물어봐 준다면 상대도 내 이야기를 들을 가능성이 높아진다.

수업 중에 여러 차례 발표를 하고도 더 하지 못해 짜증이 난 학생이 있다고 하자. 그 학생과 쉬는 시간에 이야기를 나눌 때 이렇게 물어볼 수 있다.

"너 아까 발표하고 싶었는데 못해서 아쉬워?"

"네가 하고 싶었다는 건 알겠구나. 선생님은 다른 친구들에게도 기회를 공평하게 주는 게 중요해서 그런 결정을 했어. 선생님 얘기 듣고 어떻게 생각하니?"

구체적, 긍정적, 실행 가능 부탁하기

아이들이 교사의 질문이나 요청에 "좋아요."라고 반응하는 가능성을 높이는 방법이 있을까? 그것이 아주 쉽게 누구나 할 수 있는 부탁이면 가능성이 높아진다. 부탁을 받은 아이는 자신이 할 수 있다는 성취감과 기쁨을 느낄 수 있다. 또한 부탁으로 누군가에게 도움이 되고, 연결감을 느낄 수 있다.

아이들이 할 수 있고, 도움이 되는 구체적인 요청을 할 때는 교사 자신에게 그 부탁이 명확해야 한다. 자기도 모르면서 상대에게 해달라고 할 수는 없는 노릇이기 때문이다. 부탁이 구체적이고 긍정적이고 실행 가능하다면 "좋아요." 또는 "싫어요."의 반응이 분명하게 나온다. 그래서 부모의 숙제가 될 것 같은 어려운 과제를 내지 않는 것이 좋다. 아이가 학교에서 쉬는 시간 동안 또는 집에서 잠깐 책을 펼쳐도 할 수 있을 정도면 숙제를 하지 않을 이유가 없다.

할 수 있는 것과 없는 것 구분하기

할 수 없는 것에 집착하는 것만큼 괴로운 일은 없다. 때로는 포기가 또 다른 선택이 될 수 있다. 교실에서 일어나는 일 중에는 교사의 책임으로 주어지는 것들이 많다. 그래서 어떤 일이 생길 때, 모든 일을 교사가 해결해야 한다거나 아이를 변화시켜야 한다고 생각한다.

자칫 그런 생각에 깊이 빠지면 해결하지 못하는 일에 몸과 마음의 에너지를 쓰게 되어 우울하고 지친다. 그럴 때는 빠르게 '아, 이건 내가 혼자 할 수 없는 일이구나.'라고 받아들이는 태도가 필요하다. 그렇게 내려놓거나 포기하면 가벼워진다. 몸과 마음이 가벼워지면 다른 선택이 보인다. 어쩌면 제3의 길이 보일 수도 있고, 주변의 도움을 통해 문제를 해결할 수도 있다. 교사는 신이 아니다.

기다려 주기

함께 올라가는 산행길에서 나 홀로 뒤처져 가고 있을 때, 저 멀리 나를 기다리는 사람들이 보인다. 가까이 다가가면 "괜찮아. 오느라고 많이 힘들었지?"라고 물어 준다. 누군가와 함께 산에 오르는 느낌은 어떨까?

어쩌면 기다림은 교사에게 가장 필요한 반응이 아닐까? 그러나 실제로 기다리는 것은 말처럼 쉽지 않다. 왜냐하면 우리는 기다리는 일에 익숙하지 않기 때문이다. 뭔가 빨리하는 것이 미덕인 우리나라에서는 더욱 그렇다. 우리는 자극이 즉각적이고 내가 원하는 방식이어야 좋아한다.

내가 완벽하지 않듯이 내 앞에 있는 아이도 그렇다. 쉬워 보여도 누군가에게는 어렵고, 하기 싫은 것일 수 있다. 더디지만 하고 있는 아이를 기다려 주는 마음을 내어 보자. 어쩌면 이번 시간에 못할 수도, 오늘 중으로 못할 수도, 이번 달 안에 못할 수도, 나와 함께하는 시간 동안 못할 수도 있다. 학교란 모두가 완벽해지기 위해 배우는 곳이 아니라 배움으로 나를 찾아가는 공간이다. 그렇기에 배움이 얼마나 완벽하게 일어났는가보다 배움의 시간이 그 아이에게 어떤 의미와 느낌이 있었는가가 중요하다.

나는 위에서 언급한 것을 완벽하게 실천하는 교사를 본 적이 없다. 그리고 꼭 그렇게 될 필요도 없다. 또한 위 방법들이 정답이라고 생각하지도 않는다. 그저 작은 제안일 뿐이다. 누군가에게는 상황에 따라

맞지 않을 수도 있고, 어쩌면 다른 방법이 도움이 될 수 있다. 특히 특정한 누군가가 정한 방법만 옳다고 생각하는 태도는 대단히 위험하다. 왜냐하면 우리에게는 각자의 삶의 태도와 생활방식이 있고, 환경 역시 다르기 때문이다. 그래서 우리 각자에게 할 수 있는 만큼, 상황에 맞춰 천천히 시도해 보는 태도가 중요하다.

감사와 칭찬

"선생님, 정말 훌륭하세요.", "현명하시네요."라고 누군가 강의를 마친 당신에게 말을 걸어온다면 어떤 느낌이 들까?

순간적으로는 반갑고 기쁠 것이다. 그러나 조금 지나면 부담되고 불편한 느낌이 들 수 있다. 이처럼 칭찬은 누군가에게 기쁨을 주기도 하지만 때로는 불편한 마음과 부담을 준다. 마셜은 다른 사람에게 얼마나 호의적으로 들리든 간에 칭찬은 종종 판단과 같을 수 있다고 했다. 그래서 비폭력대화에서는 이런 말을 삶을 소외시키는 대화, '자칼말'이라고 했다.

마셜은 자신의 강의를 칭찬한 참가자에게 "제가 한 어떤 말이나 행동이 당신의 삶을 더욱 멋지게 만드는 데 도움이 됐는지 알고 싶습니다."라고 했다. 마셜과 대화를 나누던 참가자는 메모를 보여 주며 "이

두 가지를 말씀하셨을 때(관찰), 저는 희망이 생기고 안심되었어요(느낌), 저는 아들과 좋은 관계를 만들고 싶었어요(욕구), 그리고 이 두 가지로 제가 찾는 방법을 볼 수 있었어요."라고 말했다. 이처럼 누군가에게 감사를 표현할 때 감사의 세 가지 요소를 분명히 표현하는 것이 중요하다.

1) 관찰: 나의 행복에 기여한 상대의 행동

2) 욕구: 그 행동으로 충족된 나의 욕구

3) 느낌: 나의 욕구가 충족되어 생긴 즐거운 느낌

이 요소를 표현하는 순서는 상황에 따라 다르기도 하고 때로는 생략될 수도 있다. 때로는 가벼운 눈웃음이나 상대에 대한 미소로 전할 수 있다. 누구나 흔히 쓰는 "감사합니다."라는 말 한마디로 전달할 수도 있다. 그러나 가슴으로 감사를 전하는 능력을 키우기 위해서는 이 세 가지 요소를 의식하고 말하는 것이 중요하다. 왜냐하면 이 의식적인 연습이 충분하다면 어떤 표현이든 상대에게 진정성 있는 감사로 전해질 가능성이 높기 때문이다.

학기가 끝나면 아이의 학교생활을 담은 통지표를 가정으로 보낸다. 나는 이 통지표에 아이들에 대한 나의 마음을 다 담지 못해 아쉬웠다. 그래서 어떻게 하면 아이들에게 개인적인 감사를 전할 수 있을까 고민하다 통지표를 이용할 방법을 찾았다.

어느 해인가 학기초에 수업을 하는데 도훈이라는 아이가 눈에 띄었다. 아이는 알림장을 쓰지 않거나 알림장도 없었다. 준비물을 가져오지 않고, 과제도 제시간에 제출하지 못했다. 나는 아이가 신경이 쓰였고 주의도 주었다. 나는 아이와 대화를 했다. 아이에게 교실에서 할 수 있는 범위가 어느 정도인지 물었다. 그리고 어떤 것이 하기 힘든지도 들었다. 그리고 알림장, 과제, 수업 중에 내가 중요하게 생각하는 것을 전했다.

나는 아이와 대화를 나눴지만, 이후 아이가 하지 않을 수도 있다고 생각했다. 우리는 그렇게 대화를 나누고 각자 한 학기를 보냈다. 한 학기를 보내며 도훈이는 점차 과제를 내는 횟수가 늘었다. 어느 날에는 늦었다고 점심시간에도 앉아서 하고 있었다. 나는 그 모습을 보고 감동했고 통지표를 주는 날 내 마음을 전했다.

"도훈아, 네가 학기 중에 과제를 해서 줄 때가 기억나. 점심시간에 네가 앉아서 남은 과제를 하던 모습…. 그걸 볼 때 선생님은 고맙고 흐뭇했어. 스스로 노력하는 네 모습에 선생님도 보람을 느껴."

도훈이는 내 말에 쑥스러운 듯 고개를 숙이며 웃었고, 나도 쑥스럽게 웃었다. 그렇지만 마음은 따뜻했다.

내가 비폭력대화로 '감사'를 전하는 의도는 아이의 변화가 진정으로 반갑고, 함께 축하하는 데 있다. 감사는 누군가를 조정하거나 평가하려는 의도가 아니라, 내가 누군가의 삶에 도움이 되는 것이 기쁘고 상대 역시 도움을 받고 기쁨을 느끼는 데 의미가 있다.

비폭력대화로 감사뿐만 아니라 칭찬도 할 수 있다. 칭찬은 우리가 살면서 일상에서 감사와 더불어 흔히 쓰는 표현이다. 칭찬은 교사가 학생에게, 부모가 자녀에게 하듯, 양육과 교육의 상호작용이 있는 관계에서 특히 필요하다. 칭찬을 적절하게 잘 활용할 때 칭찬을 들은 사람은 힘이 나고 기쁨을 느끼며 자신이 하는 일에 보람과 성취감, 그리고 열정을 갖게 된다.

그러나 칭찬은 때로 누군가에게 부담이 되고 누군가를 조종하는 데 사용되는 경우도 있다. 왜냐하면 칭찬은 오랜 세월 동안 지위가 높은 사람이 낮은 사람을 평가하는 데 사용되었기 때문이다. 그 과정에서 누군가를 조정하거나 이익을 얻기 위한 의도로 사용했다. 그래서 상대가 칭찬할 때 그 마음을 진심으로 받지 못한다. 부정하는 식으로 겸손을 표현하거나 때로는 어떤 의도로 그런 말을 할까 의심한다.

비폭력대화로 칭찬할 때 순수한 마음으로 기쁨을 전하길 바란다. 누군가의 도움으로 행복해진 삶의 기쁨을 표현한다는 우리의 의도가 전해진다면 상대도 진정으로 기뻐할 것이다.

교실 정리를 할 때, 특히 재활용 쓰레기를 버리거나 책이라도 옮길 때면 누구라도 도와줬으면 할 때가 있다. 교실에서 신나게 놀다가 선생을 돕겠다고 나서는 고사리 같은 손들을 보면 절로 미소가 지어진다.

아이들과 함께 도란도란 웃으며 재활용 쓰레기를 버리고 돌아오면 함께하는 누군가가 있어 좋고, 이야기를 나누는 즐거움도 있다. 그러고 나면 녀석들에게 뭐라도 고마움을 전하고 싶어 젤리나 초콜릿 같은 작은 간식을 주곤 한다. 이때 포상처럼 주는 마음이 아니어야 한다. 순간 비폭력대화로 표현할 수도 있다.

"이렇게 함께 버리고 와서 선생님도 즐겁게 다녀왔고, 힘도 덜 들었어. 고맙다. 얘들아."

그렇지만 이렇게 다 표현하지 않아도 괜찮다. 웃으며 "너희들 도와줘서 고맙다." 이렇게도 좋다.

삶에 감사하는 태도는 우리가 비폭력대화로 살아가는 데 중요한 요소이다. 자신의 삶에 대해 감사하는 태도를 지니면 자연스럽게 말을 통해 주변에 전해진다. 말에는 에너지가 있어 상대에게 목소리로 그 느낌이 전해지기 때문이다. 만약 일상에서 감사를 습관화할 수 있다면 삶을 보다 풍요롭고 충만하게 느끼며 살 수 있다. 더불어 감사하는 마음이 주변으로 전해질 수 있다.

요즘 각종 미디어와 SNS, 물질의 발달로 우리에게 주어진 것에 감사하는 마음을 잊어버린다. 남들과 비교하면서 좀 더 풍요롭지 못한 자신의 상황에 불만이고 우울함을 느끼는 사람들도 있다. 아마 오랜 사회문화 속에서 잘된 것보다 잘못된 것에 대해 주의를 두는 습관 때문일 수도 있겠다. 이런 환경과 습관을 넘어 우리의 의식을 감사하는 것에 두려면 어떻게 하면 좋을까? 다음 질문에 생각하면서 일상 속 충분한 것에 감사하는 마음을 가져보자.

선생님의 말 연습

❶ 종이와 연필을 꺼내, 나에게 지금 충분한 것(책, 음식, 친구, 시간 등)을 쓴다.
❷ 그것이 내 삶에 충분하다고 느끼는가? 지금 그 느낌을 쓴다.
❸ 그 느낌 뒤에 어떤 욕구가 충족되는가?

일상에서 일어나는 일과를 정리하는 감사 일기도 쓸 수 있다. 감사 일기를 비폭력대화의 요소를 활용해 쓸 수 있다.

❶ 내 삶을 풍요롭게 했던 누군가의 말과 행동은?
❷ 충족된 욕구는 어떠했는가?
❸ 충족된 욕구를 의식할 때 느낌은?

비폭력대화로 감사하는 연습을 하면 주변에 일어나는 일을 새롭게 바라볼 수 있는 힘이 생긴다. 몇 년 전, 피곤할 때마다 입술에 염증이 올라오는 '단순포진'이라는 병을 얻은 뒤에 처음에는 왜 이런 병이 생겼지, 정말 재수가 없다고 자책했다. 시간이 조금 지나 나는 이 병으로 인해 나 스스로의 컨디션을 체크할 수 있는 것에 대해 감사했다. 사실 이 병은 컨디션이 좋지 않거나 스트레스를 받으면 생기는데, 이제 나는 그것을 컨디션을 알아차리고 나를 돌보는 데에 활용한다.

어차피 일어난 일과 과거의 일은 바꿀 수 없다. 단지 내가 그것을 어떤 관점으로 바라볼지, 지금 이 순간에 결정할 수는 있다. 감사라는 관점으로 삶을 들여다볼수록 감사한 일이 더 많이 생길 것이다.

자기
공감

지금, 우리 마음에 누군가가 잘못됐다거나 나쁘다는 생각이 든다면 이 생각의 진짜 의미는 무엇일까? 이는 '그 사람의 행동이 우리의 욕구와 조화를 이루지 못하고 있다.'라는 뜻이다. 만약 비판하는 대상이 자신이라면, 그 비판의 실제 의미는 '나는 지금 나 자신의 진정한 욕구와 조화를 이루지 못하는 행동을 하고 있다.'인 것이다.

비폭력대화 워크숍을 참여하다 보면 다른 사람과 대화를 잘 나누기 위해 비폭력대화를 배우러 오는 분들이 많다. 나 역시도 처음에는 가족이나 학생들과 소통을 잘하기 위해 배우기 시작했다. 그러나 비폭력대화로 다른 사람을 잘 공감하고 소통하기 위해서는 자신을 공감하는 능력이 우선 필요하다. 왜냐하면 자신이 갖고 있지 않은 것을 누군가에게 줄 수 없기 때문이다. 내가 물을 갖고 있어야 누군가 달라고 할 때 줄 수 있다. 공감도 마찬가지다. 누군가 공감이 필요하다고 할 때, 내가 나를 이해하고 넓어진 마음이 있을 때 다른 사람의 아픔도 함께할 수 있고 받아들일 수 있다. 그래서 마셜은 비폭력대화의 가장 중요한 쓰임새 중 하나를 '자기 공감'이라고 하였다.

그러나 우리는 자신을 평가할 때 잘된 점보다는 잘못된 것을 보기 쉽다. 그리고 실수한 자신을 공감하기보다 비난과 자책을 하며 죄책감과 수치심의 에너지로 변화하려 한다. 이는 우리 자신을 특별한 존재로 인식하지 않는 습관화된 의식 때문이다.

미하엘 엔데의 소설『모모』의 주인공 모모는 주변 어른들에게 돌봄과 사랑을 받는 혼자 사는 아이이다. 모모에게는 다른 사람의 말을 들어 주는 특별한 재주가 있다. 그래서 주변 사람들은 모모를 좋아했고 늘 모모와 함께했다. 사람들은 모모와 이야기를 나누기 전에는 자신을 마치 망가진 냄비처럼 언제라도 다른 사람으로 대치될 수 있는 그저 그런 수백만의 평범한 사람 가운데 하나에 불과하다고 여겼다. 그러나 모모가 이야기를 들어 주면 자신이 잘못 생각하고 있다는 것을 깨달았다. 그들은 모모 덕분에 자신이 특별한 존재임을 깨달았다. 우리 주변에도 모모 같은 이들이 있다. 그러나 모모를 타인에게만 찾아야 할까?

지금 있는 그대로의 나와 같은 사람은 이 세상에 단 한 사람도 없다. 그렇기 때문에 나는 나만의 독특한 방식으로, 이 세상에서 소중한 존재다. 우리는 일상 속에서 자신이 특별한 존재임을 잊어버리고 산다. 마치 거대한 사회의 톱니바퀴처럼 주어진 일상을 살면서 '해야만 한다.'는 생각들로 머릿속을 채운다. 그럴 때는 자신을 연민으로 바라보는데 가장 중요하고 특별한 존재로 기억하기 어렵다.

우리는 인간이기에 일상에서 실수하고 자책한다. 그런데 실수가 아닌 일에도 자책을 일삼는다. 그럴 때는 나의 존재의 특별함을 기억하기보다는 '나 때문에 잘못됐어.', '나는 부족한 사람이야.', '나는 실수투성이야.', '나는 멍청해.', '나는 이기적이야.', '나는 게을러.'와 같이 더 아픈 말로 자신을 괴롭힌다. 이처럼 일어난 일로 인한 고통이 아니라 그 일에 대한 평가나 해석으로 자신을 자책한다. 이는 자기 자신에게 '두 번째 화살'을 쏘는 일이다.

스승이 제자에게 묻는다.

"만약 누군가의 화살에 맞으면 아프겠는가?"

제자가 대답한다.

"아픕니다."

스승이 다시 묻는다.

"만약 똑같은 자리에 두 번째 화살을 맞으면 더 아프겠는가?"

제자가 말한다.

"몹시 아픕니다."

그러자 스승이 말한다.

"살아 있는 한 누구나 화살을 피할 수 없다. 그러나 그 일로 인한 감정적 고통은 우리의 선택에 달려 있다."

그렇다면 자기 자신을 이해하고 공감하는 것은 어떻게 할 수 있을까? 우선 자기가 실수했을 때를 떠올려 보자. 누군가에게 영향을 미쳤을 수도 있고, 어쩌면 상대는 모를 수도 있다. 혼자서 자책하는 일인지도 모르고 어쩌면 누구나 그렇다며 지나간 것일 수도 있다. 다음 내용을 순서대로 천천히 떠올려 보자.

선생님의 말 연습

후회하는 나를 공감하기

❶ 후회되는 지난날 나의 말과 행동을 구체적으로 생각한다.
❷ 자신을 자책하는 말(생각)을 3가지 이상 생각한다.
예) ~ 해야만 해, ~하면 안 돼, 난 ~한 사람이다 등

❸ 자신을 자책하는 생각을 소리 내어 읽는다.
예) 나는 나 자신에게 '~해야만 해'라고 말하고 있구나.

❹ 자책하는 말 뒤에 욕구를 찾아본다.
❺ 위의 욕구가 충족되지 않았다고 생각하면 어떤 느낌이 드는가?

과거 실수했던 나를 공감하기

❻ ❹번의 욕구 중에서 한 가지를 정해서 그 욕구가 충족되었던 경험을 떠올린다.
❼ 과거의 후회되는 행동을 할 때 충족하려는 욕구를 찾아본다.
❽ 후회하는 행동을 할 때도 ❼번의 욕구를 충족하려고 했다는 것을 의식한 느낌은?
❾ 과거의 후회되는 나의 말과 행동을 다시 바라본다.

※선택 사항
❿ 나 자신에 대한 부탁을 떠올린다.(후회하는 나의 욕구와 과거 실수했던 나의 욕구를 모두 존중하는 방식으로 구체적이고 긍정적으로 부탁한다.)

위 과정은 순차적으로 이루어지지 않는다. 따라서 어느 순간에라도 이전의 과정으로 돌아가서 다시 과정을 밟을 수도 있다. 다음 사례를 통해 자기 공감의 과정을 좀 더 이해해 보자.

수업을 마치고 학년 선생님들과 업무 회의를 한 뒤 담소가 이어졌다. 그러던 중 내가 며칠 전 들었던 어떤 선생님에 대해 이야기했다. 한 선생님이 교감으로 승진한 직후 암에 걸려 치료한 후에 돌아와 다시 복직했다. 그런데 회복한 지 얼마 되지 않았는데도 교장으로 승진하려고 한다는 말을 들었다. 나는 선생님들에게 신나서 이야기를 했다. 이야기를 할 때는 아무 생각이 없다가 퇴근하며 걸어오는데 내가 했던 말이 떠올라 괴로웠다.

'넌 다른 사람이 아픈 일로 웃고 있었어.'

'넌 남을 멋대로 평가하고 뒷담화나 하는 사람이야.'

'넌 원래부터 인간성이 나쁜 놈이야.'

'어떻게 사람이 아픈 걸 갖고 비아냥댈 수 있어?'

'그렇게 너 웃자고 남을 욕하면 안 되지.'

'난 남의 고통을 이용해서 웃음거리로 만들었어. 난 쓰레기야.'

나를 자책하는 말들을 쏟아내고 있었다. 나는 퇴근하는 길이 무겁고 우울해졌다. 한참을 자책하다 나 스스로가 자책하고 있다는 것을 알아차렸다. 그렇지만 여전히 마음의 짐은 남아 있었고, 아픈 분에 대한 미안함으로 괴로웠다. 나는 잠시 멈춰 내가 한 말과 생각을 천천히 다시 되짚어 보았고, 그 뒤에 욕구가 무엇인지 찾아보았다. 나는 누군가의 아픔을 이해하면서 살고 싶고, 이야기를 나눌 때 존중하는 것이 중요하다는 것을 떠올렸다. 그것을 의식하고는 아쉽고 마음이 쓰렸다.

나는 잠시 누군가의 아픔을 이해하고 함께 존중하는 때를 떠올렸다. 과거 내가 힘들었을 때 나를 이해해 주었던 부장 선생님이 떠올랐고, 그분의 따뜻한 표정과 위로하는 말을 의식하니 좀 더 편안해졌다.

숨을 조금 편안하게 쉰 뒤에, 그 말을 한 과거의 나에게 공감하기로 했다. 아픈 분의 이야기를 할 때 내가 무언가 관심을 끌고, 재미있고 함께 웃을 수 있는 시간이 되기를 바랐다는 점을 알아차렸다. 그것을 떠올릴 때는 나 스스로가 그런 방식으로 재미를 추구하는 것에 안타깝고 아쉬웠다.

이후 나는 다른 사람의 아픔을 이해하고, 함께 하는 사람을 존중하는, 이야기 나눌 때 서로가 행복하고 즐거운 욕구를 모두 충족할 수 있는 부탁을 떠올렸다. 다른 사람과 이야기를 나눌 때 누군가를 험담하기보다 내가 겪은 즐거운 일을 떠올려서 이야기하면 좋겠다고 생각했다. 잠시 머물러 생각을 정리했다. 최근에 가족들과 겪은 재미있는 일이나 여행에서 본 신기한 것, 내가 실수한 웃긴 얘기가 떠올라 신이 나고 힘이 났다.

중국 변방에 새옹이라는 노인이 살았다. 어느 날 집에 말이 생겼다. 새옹에게는 아들이 있었는데 그 말을 타다 말에서 떨어져 다리에 장애가 생겼다. 그것으로 인해 괴롭고 슬퍼했으나 시간이 흘러 나라에 전쟁이 일어났다. 새옹의 아들은 다친 다리 때문에 전쟁을 피해 살 수 있었다. 그런데 어느 날 새옹이 좋아하던 말이 보이지 않았다. 새옹은 말이 없어진 것을 알고 슬퍼했다. 그러나 시간이 흘러 어느 날 말이 새끼와 함께 나타났다. 새옹은 다시 기뻐했다. '새옹지마'라는 고사성어에 얽힌 이야기이다. 유명한 이야기지만 천천히 다시 읽으며 인생을 배운다.

이처럼 좋은 일이라고 생각했던 일이 나쁜 일이 되기도 하고, 나쁜 일이라고 생각했던 일이 후일 좋은 일로 다시 돌아오는 경우가 있다. 일어난 일에 대한 좋고 나쁨은 나의 해석에 달려 있다. 나에게 일어난 모든 일을 삶으로 받아들이고 경험을 배움의 기회로 삼는다면 그 일이 좋은지 나쁜지를 구별하려는 마음에서 벗어날 수 있다. 실수는 일어나서는 안 되는 것이 아니라 살면서 채워지는 지극히 인간적인 부분이다.

실수를 어떻게 받아들일지 선택할 때 두 가지가 있다. 자신을 비난하며 죄책감과 수치심을 느끼며 우울할 수도 있고, 자신을 느낌과 욕구와 연결해서 공감할 수도 있다. 벌어진 일은 과거로 이미 흘러가 버렸다. 누군가에게 '모모'가 되어 이야기를 들어 주기 전에 우리 스스로 자신에게 '모모'가 되어 자신의 마음에 귀 기울여 보자.

보호를 위해 힘쓰기

대화할 시간이 없는 급박한 상황에서는 보호를 위한 힘에 의존할 필요도 있다. 이렇게 하는 의도는 누군가가 다치거나 불법이 일어나는 걸 막는 것이지, 절대로 다른 사람에게 벌을 주거나 고통스럽게 만들어 후회하게 하거나 변화시키려는 것이 아니다.

온순한 성격의 기린은 비폭력대화를 상징하는 동물이다. 그래서 비폭력대화라고 하면 보통은 부드럽고 편안한 이미지만을 떠올린다. 비폭력대화를 통해 가슴으로 대화하다 보면 서로가 자연스럽게 연결되고 연민을 경험하면 그런 것에 동의가 된다. 그러나 기린은 사자 같은 맹수가 자신이나 가족을 공격하면 강한 뒷발로 방어한다. 힘이 약한 것이 아니라 필요할 때만 힘을 쓰는 것이다.

일상에서도 다급하고 위험한 순간, 즉 힘이 필요한 순간이 있다. 대화할 여유가 없거나, 생명이나 개인의 인권을 보호하기 위해 힘을 사용해야 한다. 특히 상대가 대화할 의사가 없고 안전과 인권을 보호해야 할 경우라면 더욱 그렇다. 이때 기억해야 할 것은 힘 뒤에 있는 의도이다. 그 힘이 누군가를 처벌하려는 것이 아니라, '보호'하는 것임을.

보호를 위해 힘을 쓰기 전에는 규칙을 세운다. 함께 동의한 규칙이 있을 때 편안함과 안정감, 예측 가능성, 시간과 에너지를 효율적으로 쓸 수 있다. 왜냐하면 여럿이 함께 지내다 보면 각자의 생활 습관과 성격 등으로 갈등이 생길 수 있고, 그때마다 대화 또는 힘을 쓰면서 지내는 것은 무척이나 힘들기 때문이다.

교실에서 규칙을 정할 때는 학생들과 함께해야 한다. 물론 학년에 따라 차이가 있다. 저학년의 경우는 교사의 역할과 비중이 크고, 고학년으로 갈수록 학생들의 역할과 비중이 더 커진다. 저학년의 경우 함께 만들기 어렵다면, 아이들에게 물어보면서 동의를 구한다. 학년에 차이가 있으나 자신이 참여한 규칙을 지킬 가능성이 높다. 누군가 자신의 선택과 상관없이 지켜야 한다고 정하면 강요로 들릴 수 있다. 규칙을 지키는 가능성을 높이고 싶다면 규칙을 정할 때 아이들이 어떻게 느끼는지 듣고 말하는 과정이 필요하다. 아이들이 중요하게 여기는 욕구가 무엇인지 듣고, 그 욕구를 기반으로 규칙을 만들 수도 있다.

교실은 하나의 작은 공동체이므로 규칙이 필요하다. 만약 누군가가 규칙이 폭력적이라 말한다면 그 말에는 어떤 숨은 뜻이 있을까? 아마도 그 규칙이 누군가를 조정하거나 처벌하지 않도록 해야 한다는 바람일지도 모른다. 그래서 규칙을 정할 때, 아이들도 동의가 가능한 규칙과 통제가 아닌 함께 지낼 때 안전, 존중, 배려 등의 욕구가 기반이 되어야 한다. 내가 교실에서 활용하는 몇 가지 규칙은 이런 것이다.

– 친구를 때리거나 욕을 하지 않는다.

– 물건을 훔치지 않는다.

– 수업 중에 떠들거나 수업을 방해하는 행동을 하지 않는다.

이 규칙은 법륜스님의 법문을 듣고 교실에서 활용하고 있는 것이다. 법륜 스님은 특별히 남에게 피해를 주는 것은 이야기하고, 그렇지 않은 것은 가급적 그냥 두라고 했다. 이는 보호를 위해 힘을 쓰는 것과 닮았다. 예를 들어 친구를 때리는 것, 괴롭히는 행동, 수업 중에 떠드는 것은 남에게 피해를 줄 수 있으니 다른 누군가의 학습권과 인권을 지켜주기 위해 이야기할 수 있다. 그러나 숙제를 해오지 않는 것, 지각, 수업 중 자는 것 등은 피해를 받은 사람이 없다.

규칙을 지켜 생활할 때는 학기초부터 일관성 있게 반복이 필요하다. 가령 누군가가 식판을 던져 놓으면 그 뒤에 오는 아이들도 따라 아무렇게나 놓는다. 반대로 누군가 식판을 가지런히 놓으면 뒤에 놓는 학생도 가지런히 놓을 가능성이 높다. 이처럼 규칙을 학기초부터 함께 만들고, 약속하며, 지켜가는 태도가 필요하다.

태산과 같이 엄중하게 규칙을 지킬 수 있도록 안내가 필요하다. 하지만 때로는 바다 같은 마음으로 이해하는 유연함도 필요하다. 교실에서 일어나는 일들이 규칙 안에서 이루어질 때 아이들은 규칙이 주는 편안함과 안정감을 느낄 수 있다. 이는 신호등으로 교통질서가 이루어지는 것을 보며 느끼는 안정감과 비슷하다. 그러나 세상일이 모두 규칙 안에서 이루어지기란 어렵다. 누군가의 생명을 살리거나 재산을 보호하기 위해 도로 위 차들은 신호를 무시하는 구급차, 소방차, 경찰차가 지나갈 때 길을 열어 양보해 준다. 교사도 어떤 학생에게는 이해와 수용의 마음으로 함께 해주는 '때'를 이용할 줄 알아야 한다. 다음 몇 가지 사례로 보호를 위해 힘을 쓴다는 것이 무엇인지 더 알아 보자.

수업 중에 떠드는 아이가 있을 때

수업 시간 중에 옆에 앉은 아이와 이야기하는 효석이가 신경이 쓰였다. 몇 차례 눈빛을 마주치거나, 전체 아이들을 향해 조용히 해달라고 요청했지만 그 뒤로도 같은 상황이 두세 차례 반복되었다. 다른 아이들도 알고 있는지, 나의 눈치를 살펴서 나와 눈이 마주쳤다.

나는 속으로 '저 녀석 수업을 방해하고 있어.', '지금 다른 사람에게 피해를 주고 있잖아.' '나를 무시하고 있어.'라고 생각하고 있었다. 나는 크게 화를 내서 조용히 시키고 싶은 끓어오르는 마음을 참으며, 나의 느낌 욕구에 의식을 두었다. 나는 함께 공부할 때 배려하고 존중하는 게 중요하고, 지금 우리가 힘들다고 하는 표현을 이해받고 싶었다. 그리고 다른 아이들의 공부하는 시간을 존중하고 보호해 주고 싶었다. 나는 나지막한 소리로 아이에게 이야기했다.

"효석아, 지금 네 목소리가 선생님 목소리와 겹쳐서 수업하기 힘들구나."

"…"

"혹시 지금 하고 싶은 얘기 많아?"

"아뇨."

"그럼 조용히 있어 줘. 네가 얘기하는 소리가 다른 친구와 선생님에게 방해가 된다. 우리 수업할 수 있도록…"

나는 진지하고 단호한 표정으로 말했다. 그리고 수업을 이어 나갔다.

현장학습에서 장난치느라 뒤처진 아이가 있을 때

현장학습을 갈 때 20~30명의 아이들과 함께 차를 타기 위해 이동한다. 학교마다 다르지만 교사가 혼자 아이들을 인솔하는 경우가 많다. 줄을 세워 이동하다 보면 뒤쪽에 오는 아이들을 기다리기도 하고, 때로는 차가 오는데도 이동하는 아찔한 상황이 생기기도 한다.

차가 많이 다니는 도로를 건너는데 뒤쪽에 오는 아이들이 이야기하느라 정신이 없다면 어떻게 할까? 그때도 비폭력대화로 "네가 이렇게 늦게 올 때, 선생님은 걱정이 돼. 안전을 위해 빨리 와줄래?"라고 할 수는 없는 노릇이다. 그때는 큰소리로 "뒤쪽에 오는 친구들 빨리 건너세요!"라고 말할 수 있다. 더 긴급하고 위험하다고 판단이 된다면 "야! ○○야! 얘기 그만하고 앞에 봐!"라고 외칠 수도 있다. 그래도 누군가 "비폭력대화로 말해야지."라고 한다면 그때는 비폭력대화를 내려놓고 아이의 안전을 먼저 챙겨야 한다.

교권을 침해받았을 때

"너 이 씨X 새X야! 너 지금 집이 어디야? 니 배때지에다가 X을 쑤셔 넣을까?"라는 말을 들었다면 어떤 반응을 보여야 할까?

실제 내가 학부모에게 들었던 말이다. 발령 4년 차, 1학년 담임을 하던 어느 날 저녁 9시쯤 모르는 번호로 전화가 왔다. 부모가 전화한 이유는 연필의 행방 때문이었다. "아이에게 연필을 한 다스 사서 보냈는데, 5월쯤 됐는데 연필 2자루가 사라졌다. 왜 10자루밖에 없냐?" 나는 황당했지만 그래도 그렇게 생각할 수 있겠다 싶어 연필이 쓰다가 줄었을 수도 있고 잃어버렸을 수 있는데 내가 내일 학교에서 주겠다고 했다. 그 뒤에 욕설과 폭언이 이어졌고, 자신을 무시했다고 화를 냈다. 전화는 다음 날, 그리고 그다음 날도 울렸다. 전화를 받지 않으면 학교로 찾아오기도 했다. 그렇게 3~4주 동안 이어진 부모의 욕설과 협박은 경찰이 오기 전까지 이어졌다.

가장 힘들었던 점은 전화해서 폭언과 욕설을 하는데 내가 보호받지 못한다는 사실이었다. 나는 극도로 불안하고 힘들어서 당시 교장선생님에게 도움을 요청했으나 오히려 나에게 그 집에 가서 사과하라고 했다. 나는 너무 억울하고 황당했지만 다시 교장선생님에게 경찰을 불러 달라고 요청했다. 그러나 돌아온 답변은 부모에게 사과하고 알아서 해결하라는 말이었다. 나는 겁이 났고, 보호받지 못한다는 억울함에 화도 났다.

나도 나를 지키기 위해 더 이상 물러서지 않았다. 당시 교장선생님과 학년부장님 등 몇몇 선생님이 있는 자리에서 내 이야기를 했다. 나는 교장선생님을 바라보며 말했다.

"네. 좋습니다. 그럼 제가 교장선생님 원하시는 대로 그 집에 가겠습니다. 그리고 그 아버지한테 사과드리겠습니다. 대신 제가 혹여라도 다치면 학교와 교장선생님께 저도 책임을 묻겠습니다. 그리고 지금 나눈 대화를 여기 계신 다른 선생님께도 공유합니다."

잠시 후 경찰이 왔고, 학교로 쳐들어오겠다던 그 아버지의 모습은 보이지 않았다. 오후에 아버지에게 전화를 했다. 그동안 힘들었던 욕설과 협박, 부당하게 학교로 와서 폭력을 보이려고 했던 행동 등을 언급하고, 경찰에 대한 부분도 같이 이야기했다. 아버지는 전과는 다른 기색으로 사과했고, 그 학생은 2학기에 전학을 갔다.

교사라는 직업은 누군가를 가르치고 돕는 역할이다. 거기다 비폭력대화를 배웠다고 하면 괜스레 말 한마디라도 더 따뜻하게 해야 할 것 같고, 돕고 싶은 마음이 들 수 있다. 그래서 때로는 정작 자신을 보호하는 것을 잊어버리거나 여유가 없어서 놓친다. 그렇지만 정작 돕고 보호하는 사람이 자신의 안전을 지키는 데 힘을 쓸 수 없다면 도움을 받는 입장에서 신뢰가 갈까?

그러므로 우리는 필요한 순간에 힘을 쓸 수 있어야 한다. 그 힘은 누군가를 처벌하기 위해서가 아니다. 보호를 위한 힘의 의도는 나, 그리고 주변의 생명과 안전, 배려 등을 지키는 데 있다. 마치 사자로부터 자신과 가족을 지키는 기린의 당찬 발길질처럼.

교사의 자기 돌봄

교실의 시간은 교사의 의지와 의식대로 흐르지 않는다. 아이들과 인사를 나누고 수업, 업무, 생활교육, 전화, 회의 등을 하다 보면 하루가 어떻게 갔는가 싶다. 여유가 없다 보니 내 몸과 마음을 살필 겨를이 없어 화장실 가기를 빠뜨릴 때도 있다. 이렇게 하루하루가 쌓이다 보면 몸과 마음이 상한 줄도 모르고 시간이 흘러 버린다.

나무의사 우종영이 쓴 『나는 나무처럼 살고 싶다』에 '해거리'란 말이 나온다. 해거리란 열매를 맺지 않고 해를 거른다는 뜻이다. 나무에게 해거리가 없다면 자신의 생명력을 다 써서 서서히 시든다고 한다. 나무도 살기 위해 그간 해오던 생명 활동을 멈추고, 모든 에너지를 자신을 돌보는 데 사용한다.

우리 교사들도 자신을 돌보는 시간이 필요하다. 만약 그렇지 않으면 말라가는 나무처럼 말과 표정, 몸에 생기가 없어진다. 자신을 잘 돌보고, 충분히 잘 쉬어야 행복하고 편안한 마음이 내 표정과 웃음, 그리고 말에 전해진다. 그 에너지가 파장이 되어 교실에 퍼질 때 아이들도 함께 행복하고 편안할 수 있다.

하지만 어떻게 쉬는 것이 좋은지 배운 적이 없다. 우리 자신은 각자가 자신만의 방식으로 쉬는 것을 습관화 해왔을 것이다. 그 방식에는 스트레스 해소에 도움을 주는 방법도 있고, 오히려 몸과 마음을 해치는 것도 있다. 기존에 무의식적이고 습관적으로 나를 돌보던 방식을 돌아보자.

다음 제안한 '자기 돌보기'는 이미 알고 있고 간단해 보이지만, 일상에서 실천하기는 어렵다. 간단한 것일수록 실천은 어렵고 실천했을 때 효과는 크다. 그런 마음으로 하나씩 실천해 보자. 새로 시작하는 마음으로!

좋아하고 자주 즐길 수 있는 운동

몸과 마음은 분리되어 있지 않고 함께 하며 서로 영향을 주고받는다. 예전 아는 분의 아버님이 나이가 들어 평소 지병이 심해져 병원에 누워 있었다고 한다. 그런데 병상에 있는 시간이 길어질수록 그분의 예전의 따뜻함과 평온함은 점차 사라졌다고 한다. 몸이 아프니 자연스레 말투와 표정이 좋지 않고, 작은 일에도 화를 내는 일이 잦아졌다.

백범 김구의 기념관에 가면 '호심인(好心人, 마음 좋은 사람)'이라는 글이 있다. 얼굴 좋은 것이 몸 좋은 것만 못하고, 몸 좋은 것이 마음 좋은 것만 못하다는 뜻이다. 김구는 어렸을 때 자신의 관상에 담긴 운명에 좌절했는데, 중국의 관상책 『마의상서』에서 위 구절을 보고 자신은 관상을 따르지 않고, 마음 바꾸기로 얼굴을 바꾸고자 했다. 마음이 힘들면 마음을 바꾸기 위해 너무 애쓰지 말고 몸에 관심을 갖고 돌보는 시간을 가져보자. 그렇게 시간이 흘러가면 자연스럽게 몸의 감각들이 살아나고 생기가 돌며, 삶에 활력이 생긴다. 건강한 몸은 다시 마음에 기운을 불어넣어 주어 마음도 함께 힘을 낸다. 시간이 지나면 자연스럽게 표정은 미소가 되고 말투는 따뜻하고 편안해진다.

특별한 운동을 시작할 필요는 없다. 지금 실행 가능한 간단한 것부터 시작하자. 집 앞 공원이나 동네, 낮은 산을 산책하는 것도 좋다. 걷다 보면 계절의 변화도 느끼고, 오늘 하루 생각도 정리가 되며 호흡과 몸의 감각을 느낄 수 있다. 어떤 운동이든 내가 좋아하고 자주 즐길 수 있는 운동이라면 일단 시작하자.

내 몸을 돌보고 힘을 주는 음식

평생을 함께 해온 식습관을 바꾼다는 것은 어렵다. 왜냐하면 우리는 가족과 사회를 통해 식습관을 형성했고, 오늘 내가 먹는 음식의 종류, 식사 시간, 씹는 속도, 식사 태도 등이 지금의 나를 만들었기 때문이다. 비폭력대화 인증지도자인 실비아는 『정말 배고파서 먹나요?』에서 우리는 음식을 먹을 때 필요에 의해 먹기보다 습관적으로 먹는다고 말했다. 짜증 날 때마다 음식을 먹는 습관이 있는 사람은 짜증이 나는 순간 무의식적으로 음식을 찾는 것이다.

나 역시 식습관으로부터 영향을 받고 있다. 한번은 비폭력대화 강의를 마치고 집에 왔는데 몹시 피곤하고 허전했다. 피곤한 몸과 마음을 위로해 줄 무언가가 필요했다. 내 손에는 치킨, 라면, 맥주가 들려 있었다. 어릴 적부터 치킨과 라면은 집에서 쉴 때 즐겨 먹는 음식이었다. 이런 음식이 때로는 집처럼 위로와 안정감을 주고 몸을 이완시켜 주었다. 하지만 무의식 중에 이런 음식들에 길들면 몸과 마음을 망칠 수 있다. 몸을 만드는 음식이 탐욕스럽다면 몸이 깨끗하고 건강할 수 없고, 마음도 평온할 수는 없다.

어떻게 먹는 것이 좋을까? 일본의 유명한 식습관 관련 의사가 쓴 『식사가 잘못됐습니다』에는 일본의 장수 마을에 사는 사람들의 식생활이 소개되어 있다. 그들은 콩류와 다양한 채소를 골고루 먹고 과식하지 않는다. 그리고 와인과 초콜릿(카카오 성분이 많은)을 즐긴다. 이처럼 신선한 채소와 건강한 음식을 필요한 만큼만 먹고, 때로는 몸과 마음을 이완시키는 음식을 즐겨야 한다. 몸과 마음이 지칠 때는 습관적으로 자극적인 음식을 찾지 말고, 내 몸을 돌보고 힘을 주는 음식, 긴장을 풀어 주는 음식으로 나를 채워 보자.

좋은 잠으로 빠져들자

"따뜻한 물 드시고, 시간 맞춰 약 드세요. 그리고 푹 주무세요."

감기로 병원에 가면 의사에게 꼭 듣는 흔한 말이다. 이처럼 몸을 회복하는 데 잠은 절대적으로 필요한 요소이다. 그러나 우리는 하루를 힘들게 보낸 자신을 위로하고자 저녁회식에 참석하거나 늦게까지 스마

트폰을 보다가 잠이 든다. 때로는 학교 일로 늦게까지 일하느라 잠을 잘 자지 못하기도 한다. 누군가는 자고 싶어도 불면증으로 잠을 못 잔다. 불면증을 겪으면 몸은 피곤한데 이상하게 잠은 오지 않고 신경이 곤두서서 좀처럼 잠을 이루기 힘들다. 이 밖에도 갱년기, 긴장, 스트레스, 신체적 변화 등으로 잠드는 것이 힘들 수 있다.

좋은 잠은 적절한 수면시간과 밀접한 연관이 있다. 영국에서 화제가 된 사라 캐머스라는 영국 여성이 각각 5일 동안 6시간과 8시간을 자는 실험을 한 적이 있다. 얼굴을 관찰하자 6시간을 잘 때 모공이 커지고, 낯빛이 어두워지고 뾰루지가 났다. 잠이 부족하면 얼굴뿐만 아니라 암이나 치매와 같은 질병에도 영향을 미친다.

자는 시간 역시 중요하다. 10시에서 2시 사이에 자야 멜라토닌이 분비된다. 11시 이전에 잠자리에 들어 아침 7시까지 자는 습관을 가져보자. 깊은 잠에 빠지면 몸과 근육이 이완되고 혈압과 체온이 떨어지며, 근육과 장기의 에너지가 회복된다. 멜라토닌은 몸에 해독과 염증을 가라앉히고 노화를 늦추며, 항암, 뼈의 건강에도 효과가 있다. 무엇보다 뇌를 정화하고 치매 예방에도 도움을 준다. 그러나 밤에 잠을 자지 못하면 멜라토닌의 효과를 누리지 못한다.

혼자만의 시간을 가져라

학교에서 아이들과 종일 시간을 보내다 보면 자칫 교사 자신을 위한 시간을 놓친다. 교실에서 만나는 많은 자극에 익숙해져 피곤한 줄 모른다. 그러다 퇴근 후 집에 와서 혼자 있으면 편안하고 그 편안함이 위로가 된다. 욕구 목록에는 '혼자만의 시간'이라는 욕구가 있다. 이는 인간이라면 누구나 혼자만의 시간이 필요하다는 반증이다.

홀로 있을 때가 필요하다고 느껴지면 내 모습 그대로 있을 수 있는 시간과 공간을 만들어 보자. 학교를 마치며 돌아오는 퇴근길에 잠시 시간을 낼 수도 있고, 가정에 아이가 있다면 아이가 잠든 늦은 밤일 수도 있다. 어쩌면 가족에게 양해를 구하고 나를 위해 하루를 쓸 수도 있다. 집처럼 익숙한 곳, 조용한 공원, 카페, 영화관, 낯선 도시가 좋다. 어디든 좋으니 내가 좋아하고 편히 있을 수 있는 시간을 만들어 주자.

나 자신을 위해 질문해 보자. 나는 무엇을 하며 시간을 보내는 것을 좋아하는가? 나는 언제 어디에 있을 때 편안함을 느끼는가? 나에게 하루를 선물한다면 무엇을 할 수 있을까? 홀로 조용히 떠난다면 어디로 가고 싶은가? 나 자신을 챙겨 준다면 어떻게 해줄 수 있을까?

일상과 물건을 정리하라

일상이 정신없고 무언가 잘되지 않는 답답한 때가 있다. 그럴 때는 하던 일을 잠시 멈추고 내가 지내고 있는 공간을 둘러보길 바란다. 학교라면 책상과 교실이 어떤지 한번 살펴보자. 정리가 잘되어 있을 수 있지만, 마음과 몸이 지친 상태라면 책상과 교실도 마찬가지일 것이다. 물건을 버리지 못해서 쓰레기장처럼 변해버린 집에 사는 사람의 사연을 방송에서 본 적이 있다. 그런데 그 집의 사연자는 대개 정신적인 어려움을 함께 겪고 있다. 이처럼 일상이 정리되지 않으면 내 삶이 현재 정리가 되지 않았다는 뜻이다. 그럴 때는 내 마음이 정리되지 않았다고 볼 수 있다. 역으로 자신의 방이나 교실을 정리하면, 내 일상이 정리되고 내 마음도 정리되는 효과가 있다.

이런 변화를 하고 싶지만 몸과 마음이 지치고 너무 힘들어서 그럴 여유와 힘이 없을 수 있다. 나 역시도 그럴 때가 있다. 그렇지만 조금이라도 마음의 전환을 하고 싶다면 시도해 보자. 방이나 교실에 몇 년 또는 몇 달 동안 쓰지 않은 물건이 있다면 우선 버리는 것부터 시작하자. 하루 만에 다 정리하기를 시도하면 부담되어 지키기 어렵다. 다 쓴 볼펜을 버리거나 교실 바닥을 쓰는 등 작지만 할 수 있는 것들부터 실천하는 것이 성취감을 높여 준다. 그러다 보면 정리할 다음 것이 보이고 점차 주변이 정리되며 마음도 상쾌해진다.

내 마음을 바라보며 명상하라

몸을 돌보는 방법이 운동이라면, 마음을 돌보는 방법 중 가장 효과적인 방법은 명상이다. 호흡명상, 보디스캔명상, 소리명상, 알아차림명상, 자애명상 등 여러 가지 명상이 있다. 크게는 집중명상(사마타)과 알아차림명상(위빠사나)이 있다.

하루 중 온전히 내 마음을 바라보는 순간이 있는가? 우리는 반복되는 일상과 많은 자극으로 인해 지금 이 순간에 깨어있지 못한다. 과거로 가서 후회하기도 하고 미래로 가서 다음에 할 일을 걱정하기도 한다. 음식으로 명상을 한다면, 밥을 먹으면서 지금 내가 먹고 있는 음식에 주의를 두는 것이다. 그러나 우리는 오늘 교실에서 벌어진 싸움과 이번 주까지 반드시 처리해야 할 공문과 전화를 떠올리며 밥을 먹는다.

당연히 음식의 맛과 색깔, 식감을 느끼지 못한다. 이처럼 우리는 지금 이 순간에 머물며 알아차리기가 어렵다.

명상은 이런 내 마음을 돌보는 데 도움이 되는 확실한 방법이다. 하지만 명상은 왠지 어렵고 부담이 된다. 그러므로 처음 시작할 때는 가벼운 마음으로 도전해 보기를 바란다. 그저 일어나는 일들을 물끄러미 지켜보면 된다. 그것은 내 호흡이 될 수도 있고, 어떨 때는 주변의 소리가 될 수 있다. 때로는 내 몸에서 일어나는 감각에 주의를 둘 수 있다.

"잠시 눈을 감고 편안한 자세로 앉아 보자. 호흡에 주의를 두고 천천히 호흡해 보자."

"호흡을 한 번 세어 보자. 호흡이 들어왔다가 나갈 때가 한 번이다."

"이렇게 눈을 감고 열 번까지 세어 보자."

"중간에 수를 잊어버렸다면 다시 처음으로 돌아가 처음부터 세어 보자."

"수를 세는 동안 생각에 빠졌다면 '아, 내가 생각에 빠졌구나.' 하고 다시 하나로 돌아가 수를 세어 보자."

얼마나 정확하게 명상을 했는가가 중요한 것이 아니라, 꾸준히 내 마음을 들여다보고 의식에 주의를 두고 알아차리는 과정이 중요하다.

공감 대화 나누기

자신이 가지고 있지 않은 것을 남에게 주는 것은 불가능하다. 마찬가지로 공감하려는 노력을 기울이는데도 공감할 수 없거나 공감하고 싶지 않은 마음이 들지 않는다면? 그것은 우리 자신이 너무도 공감에 굶

주려 있어서 다른 사람에게 공감할 수 없다는 증거이다.

사람을 대하기가 힘들고 지쳤다면 누군가의 공감이 필요할 때다. 이는 마치 비행기에서 위급한 순간에 내려오는 산소호흡기와 같다. 위급한 상황에서 산소호흡기를 착용하는 순서는 보호자가 먼저다. 그런 다음 아이나 노약자를 챙겨야 한다. 공감도 마찬가지다. 누군가를 돌보기 전에 먼저 내 마음을 돌보기 위해 누군가에게 공감을 받자.

가깝고 안전하다고 믿을 수 있는 동료나 주변 친구가 있는지 떠올려 보자. 그 친구에게 가서 내 이야기를 솔직하게 털어놓자. 그리고 지지와 따뜻함, 공감을 받아 회복하는 시간을 보내자. 물론 이야기를 꺼내도 될까 망설여지거나 상대에게 부담을 주는 게 아닌가 고민될 수 있다. 그러나 그것은 상대에게도 당신에게도 도움을 주는 기회가 될 수 있다.

혹시 안전하게 이야기를 꺼낼 곳이 없다면 지역에 있는 비폭력대화 연습 모임을 활용해 보자. 연습 모임에는 누군가에게 공감하며 도움을 주고 싶은 사람도 있고 나와 비슷하게 아픔을 경험하는 사람도 있을 수 있어 위로와 힘이 된다.

나를 지키기 위해 도움을 청하라

세상을 살아가다 보면 홀로 해결할 수 있는 영역의 일들과 그렇지 않은 일들이 있다. 그런 일들을 교실에서 만나면 자신이 부족하다는 생각에 자책부터 하게 된다. 누구나 혼자 해결할 수 없는 일이 있다. 그것은 내가 부족하기 때문이 아니다. 만약 '나는 부족해.', '나 때문이야.', '내가 문제야.' 등의 생각에 사로잡히면 우울감에 빠져 혼자 회복하기 힘들다. 그럴 때는 내 상태를 인정하고 받아들이는 태도가 필요하다. 내가 힘들고 아프다는 것을 인정하고 나를 지키기 위해 도움을 청하자.

먼저 마음이 힘들다면 가까운 정신과 진료와 상담, 약의 도움을 받길 바란다. 몸이 아플 때 병원에 가는 것은 거부감이 없는데, 마음이 아파서 병원 가는 것에는 거부감이 든다. 정신과 병원에 대한 사람들의 선입견 때문이다.

마음은 몸과 다르지 않다. 마음도 몸과 같이 아플 수 있다. 아픈 걸 어쩌겠나? 내 마음이 지치고 힘들다면 그런 나를 따뜻하게 바라봐 주고, 아픔을 다독일 때이다. 그러기 위해서는 작은 용기가 필요하다. 자신을 알아주는 마음을 내어 보자.

'내 몸과 마음이 지쳤구나. 지금 내가 많이 힘들구나. 내가 나를 돌봐야겠다.'

누군가에게 도움을 청하거나 힘들다고 말한다고 해서 약한 것은 아니다. 자신이 힘들 때 힘들다고 도움을 청하고, 자신의 여린 면을 솔직하게 드러낼 때 나의 내면은 더욱 단단해진다.

강현주

“비폭력대화는 연민이라는 산소마스크다.”

처음 비폭력대화를 만났던 때가 떠오른다. 살아야 할 이유도 아침에 눈을 뜰 이유도 모르겠던 막막한 어둠 속에서, 비폭력대화는 희망이었다. 외부로만 향하던 시선을 나에게 돌리게 해주었고, 힘들고 지쳐 좌절한 나에게 안전한 해방구였다. 그곳에 가면 ‘산소마스크’를 쓰고 숨쉴 수 있고, 회복될 수 있었다. 이 책을 쓰는 과정에서 교사의 죽음을 마주했다. 너무 가슴이 아팠다. 많은 교사들이 겪어 왔던 고통의 무게가 더 크게 느껴졌다. 그래서 이 책이 누군가에게 ‘해야만 하는’, ‘옳은’ 당위로 다가가지 않기를 바라는 마음으로 썼다. 아프고 좌절하고 숨쉴 수조차 없는 누군가에게 도움이 되기를, 막막한 순간에 숨쉴 수 있는 공간이 되기를 희망한다. 우리는 ‘잘해야’ 하는 완성의 존재가 아니라 순간순간 삶을 살아가며 그 과정에서 배우고 깨닫고 변화하는 과정의 존재라는 것을 되새겨 본다. 힘들고 외롭고 막막할 때, 비폭력대화가 숨쉴 수 있는 든든한 ‘산소마스크’가 되기를 바란다.

• 집필: 1장. 행복한 교사를 위한 비폭력대화

김윤영

"비폭력대화는 삶을 비추는 거울이다."

과거에 내 삶 속에 몇 가지 일들은 일어나지 않았으면 했다. 내 삶에서 더러운 얼룩이라고 생각했다. 그러나 글을 쓰면서 얼룩 같은 과거의 나를 이해하는 시간이 되었고, 지금의 내 모습이 전보다 마음에 들게 되었다. 지금은 얼룩과 같은 과거가 아니라 보다 다양한 삶의 색깔이 있는 나로 있을 수 있는 물감으로 여겨진다.

이렇게 관점을 전환하는 데 비폭력대화의 도움이 컸다. 글을 쓰면서 '관찰, 느낌, 욕구, 부탁'이 하나의 요소를 넘어 삶을 대하는 태도로 새롭게 다가왔다. 관찰은 과거에 일어난 일을 어떻게 바라볼지, 느낌은 지금 이 순간을 어떻게 느끼는지, 욕구는 앞으로의 삶을 어떻게 살고 싶은지, 부탁은 지금 내 삶의 가치를 위해 무엇을 할 수 있는지…. 일어난 일은 어떻게 할 수 없지만, 어떻게 받아들이고 무엇을 선택하며 살아갈지는 우리가 결정할 수 있다.

• 집필: 2장. 교사의 말하기는 어디에서 올까?
6장. 교사는 좋은 대화를 위해 무엇을 더 할 수 있을까?

정윤희

"비폭력대화는 나를 알아가는 과정이다."

비폭력대화를 처음 접했을 때 누군가가 내 마음을 알아주는 것 같아서 너무 좋았다. 6년의 시간이 흐른 지금, 나는 비폭력대화를 하며 지속적으로 내가 누구인지, 무엇을 원하는지, 언제 마음이 평안한지를 알아가는 중이다. 그 알아차림이 비폭력대화를 공부하는 이유이다. 책 집필 제안을 받았을 때, 두렵기도 했지만 감사했다. 자료를 조사하고 에피소드를 모아 두었다가 수험생이 공부하듯 하나씩 풀어 내다 보니 교사로서의 삶, 한 사람으로서의 삶을 정리하는 시간이 되었다. 중견 교사로서 아이들을 가르치고, 동료 교사들을 상담하면서 제일 많이 드는 생각은 비폭력대화 배우기를 잘했다는 것이다. 무엇보다 "나는 비폭력대화를 하며 나를 알아가고 있다."라고 선뜻 말할 수 있다. 나에게 관심을 두고 나를 알아가며 밥 먹듯 세수하듯 연습하며 '교사의 비폭력대화'를 하자고 다시 한번 다짐한다.

• 집필: 1장–2. 교사에게 왜 비폭력대화가 필요한가?
3장. 아이들은 무슨 말을 듣고 싶을까?
4장. 아이들끼리 교실에서 무슨 말을 할까?
5장. 부모에게 어떻게 말해 줘야 할까?

비폭력대화 교구 소개

비폭력대화 공감카드게임 그로그(청소년용) | 30,000원

비폭력대화 공감카드게임 그로그(청소년용)는 자신을 솔직하게 표현하고 다른 사람을 공감하는 것을 배울 수 있는 교육 교재입니다. 이 카드에는 느낌카드 55개(공카드 1장 포함), 욕구카드 55개(공카드 1장 포함)가 들어 있으며 어린이, 청소년들의 학교 현장, 각종 교육 기관, 가정 등에서 교육, 상담, 놀이로 활용할 수 있습니다.

비폭력대화 공감카드게임 그로그(성인용) | 30,000원

비폭력대화에 기반을 둔 이 공감카드게임은 어린이와 어른 모두의 감성 지수(EQ)를 높여 줍니다. 우리 실제 삶에서 지능지수보다 더 큰 역할을 하는 감성 지수는 순간 순간 자신의 느낌을 알아차리고 그 느낌에서 오는 지혜를 삶에 적용할 수 있는 능력입니다. 이 카드 게임으로 재미있게 놀면서 여러 가지 느낌을 편안하게 대면하면서 자신이 진정으로 원하는 것을 알게 될 때 자신감이 생기고 동시에 다른 사람을 더 폭넓게 공감할 수 있게 되어 너그러워집니다. 15개의 게임이 소개되어 있습니다.

NVC 감사카드 | 35,000원

일상에서 소중히 여기는 활동은 무엇인가요? 삶의 폭풍 가운데 있을 때, 당신에게 닻이 되는 것은 무엇인가요? 이처럼 감사카드는 재미있으면서도 깊은 질문으로 구성되어 있습니다. 삶의 풍요로움과 감사하는 삶을 살 때 가능한 변화로 여러분을 안내합니다. 자신을 돌아보고, 관계를 깊게 하고, 그룹에서 서로 연결하는 데 활용할 수 있는 100여 개의 질문은 거의 모든 연령대에서 사용할 수 있습니다.

NVC 느낌욕구 자석카드 | 45,000원

NVC 느낌욕구 자석카드는 자신을 솔직하게 표현하고 다른 사람을 공감하는 것을 배울 수 있는 교육 교재입니다. 이 자석카드에는 10cm X 5cm 느낌 자석카드 55개(공카드 1장 포함), 욕구 자석카드 55개(공카드 1장 포함)가 들어 있습니다.

도서 및 교구 구매

한국NVC출판사 www.krnvcbooks.com • 문의 02-3142-5586 • 메일 books@krnvcbooks.com

교사의 비폭력대화

아무도 상처 주지 않고 관계를 지키는 작은 해답

펴낸날 초판 1쇄 발행 2024년 3월 4일

지은이 강현주, 김윤영, 정윤희
편집 김유진
디자인 오성민

펴낸이 캐서린 한
펴낸곳 한국NVC출판사
편집장 김일수
마케팅 권순민, 고원열, 구름산책, 신소연

인쇄 천광인쇄사
용지 페이퍼프라이스

출판등록 제312-2008-000011호 (2008. 4. 4)
주소 (03035) 서울시 종로구 자하문로 17길 12-9(옥인동) 2층
전화 02)3142-5586 **팩스** 02)325-5587
홈페이지 www.krnvcbooks.com
인스타그램 kr_nvc_book **블로그** blog.naver.com/krnvcbook
유튜브 youtube.com/@nvc **페이스북** facebook.com/krnvc
이메일 book@krnvc.org

ISBN 979-11-85121-44-4 03370

※ 책값은 뒤표지에 있습니다.
※ 잘못 만들어진 책은 구입하신 서점에서 교환해 드립니다.